「できる日本語」準拠

漢字たまご

KANJI TAMAGO

新装版

初級
BEGINNER
レベルの目安
A1~A2

監修 嶋田和子

著 有山優樹
落合知春
立原雅子
林 英子
山口知才子

にほんごの凡人社
BONJINSHA

はじめに

「漢字ができるようになる」とはどういうことなのか。そんな疑問をきっかけにこの『漢字たまご』は誕生しました。そして、「どんな場面で、どんな漢字を学習していくか」「どんな学習方法があるか」ということを念頭に、長年にわたる日々の授業を通して、学習者と共に作り上げました。

このテキストは、「何ができるかが明確になっている」「漢字の接触場面から学ぶ」「漢字学習ストラテジーを身につける」という3つのことを柱としています。

接触場面で学ぶというとき、漢字と音声を一致させるトレーニングは欠かせません。今回、『新装版』では学習者の利便性をよくするために、付属の音声CDをなくし、サポートページでストリーミング再生とMP3ファイルのダウンロードができるようにしました。学習者のみなさんの学習環境に合わせてご利用ください。

さらに、このテキストでは、漢字を初めて勉強する人からある程度学習した人まで、非漢字系の学習者も漢字系の学習者も共に楽しく学び合うことができます。「漢字たまご」を使用することで、教室では教師と学習者のやり取りが生まれ、漢字学習が楽しく、能動的なものとなります。ぜひ、学習者のみなさんと新しい「漢字の学び」を体験してください！

●「何ができるかが明確になっている」

15の場面、トピックの中で、学習者が「生活の中で求められる漢字は何か」「漢字を使って何ができるのか」がわかるようになっています。こうすることで、学習者自身が「何のために漢字を学ぶのか」を意識し、明確な学習目標を設定することができます。

●「漢字の接触場面から学ぶ」

各課の後半では、学習した漢字を実際に近い場面の中で使い、力を試します。教室の中での疑似体験を通じ、未知の漢字に対処する推測力、応用力を養うことができます。日常生活のどこかで目にする漢字を学習することによって、学習者に「身近にある漢字が『わかる』『できる』」という実感が生まれます。それが積み重なっていくことで達成感を得ることができます。

●「漢字学習ストラテジーを身につける」

学習者が自分に合った学習方法を選択できるようになるために、漢字学習のアイディアをたくさん紹介しています。また、学習者が間違いやすい点がポイントとして挙げられ、どの部分に注意するといいかがひと目でわかります。さらに、学んだ漢字を整理し、繰り返し練習することで定着が進められるようになっています。

「漢字たまご」とは

漢字たまごは、漢字を学習する「学習者の成長」を表しています。学習者はまず、漢字の基本となるルールを学び、基礎となる「初級の漢字」をしっかりと自分の中に身につけます。そして、次はそのたくわえた知識をもとに、自らの興味・関心、専門についての漢字を能動的に学んでいきます。そこからさらに、漢字学習が社会へと広がっていくことを、たまごの成長と重ねて表しています。

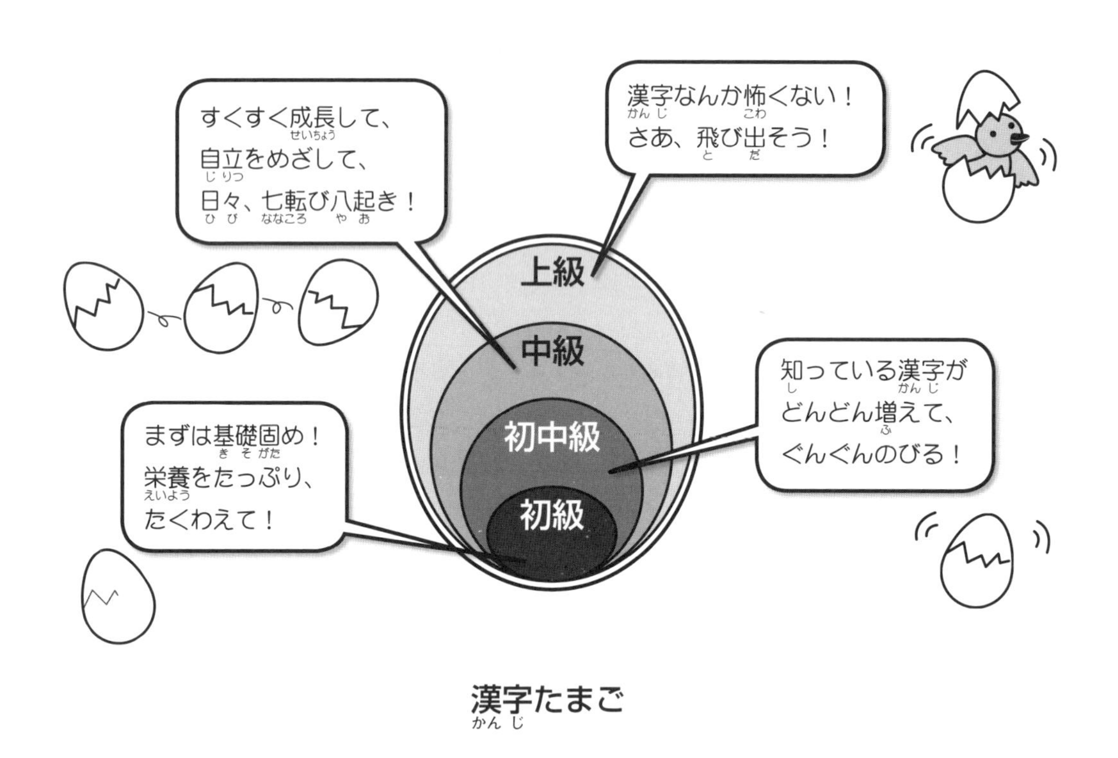

漢字たまご

2024年5月　著者一同

＊音声のストリーミング再生とMP3ファイルのダウンロードができます。

漢字たまごサポートページ（凡人社ウェブサイト内）

https://www.bonjinsha.com/wp/kanjitamago_elementary

目次 Contents

本書の構成と使い方

◆ 学習する漢字について

『漢字たまご　初級』で学習する漢字は162字、初中級164字です。『漢字たまご　初級』『漢字たまご　初中級』の２冊で、日本語能力試験N5、N4レベルの漢字の学習ができます。

各課で学習する漢字は、次の3つの種類に分かれています。

提出漢字	：読み方と書き方を学習します。
読める	：意味と読み方がわかればいい漢字です。 後の課で「提出漢字」として再提出されます。
見て、わかる	：サインとして意味が理解できればいい漢字です。読みも書きも問いません。 後の課で「提出漢字」として再提出されます。（一部例外もあります）

◆ 本書の構成

① 「漢字のはじまり」：漢字の成り立ちについて学習します。

② 「漢字のきほん」：漢字の基本的なルールについて学習します。

③ 第１課～第15課、「漢字のパーツ」

④ 「楽しく覚えよう１／２／３」：漢字のパーツ（構成要素）、形声文字、記憶法を紹介しています。

⑤ 「もう少しやってみよう」：第1課～第15課、漢字のパーツの復習問題です。

◆ 各課の構成

① タイトルページ

② 「提出漢字」「読める」「見て、わかる」

③ 「練習１：書いてみよう」

④ 「練習２：やってみよう」

（⑤コラム）

①

②

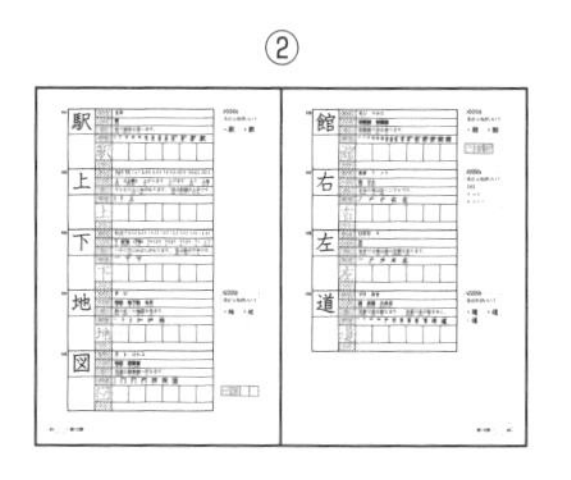

②　③

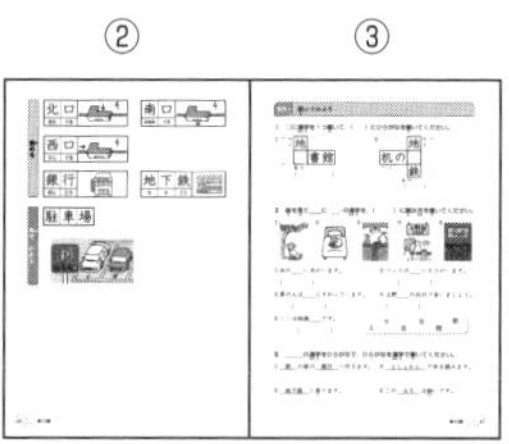

④

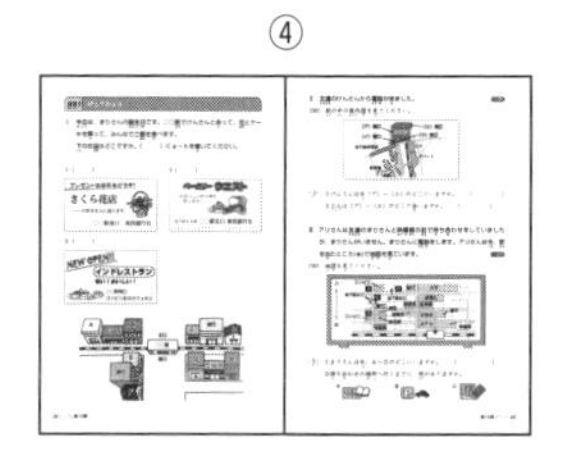

◆ ルビについて

「練習１：書いてみよう」：文の中で漢字の読み方や書き方を問う場合、既習漢字にはルビをつけていません。

「練習２：やってみよう」：情報を取るタスクの素材（例：図表、ポスター、地図など）にはルビをつけていません。

◆ 各セクションの進め方

①タイトルページ

タイトルページのイラストには、その課で学習する漢字が入っています。学習する漢字がどんな場面で使われているのか、その課の漢字を学習することで「何ができるようになるのか」ということを意識しましょう。知っている漢字がある場合は、どこで、どんな状況でその漢字を見たのか、どんな意味か、どう読むかなどを考えます。

②「提出漢字」

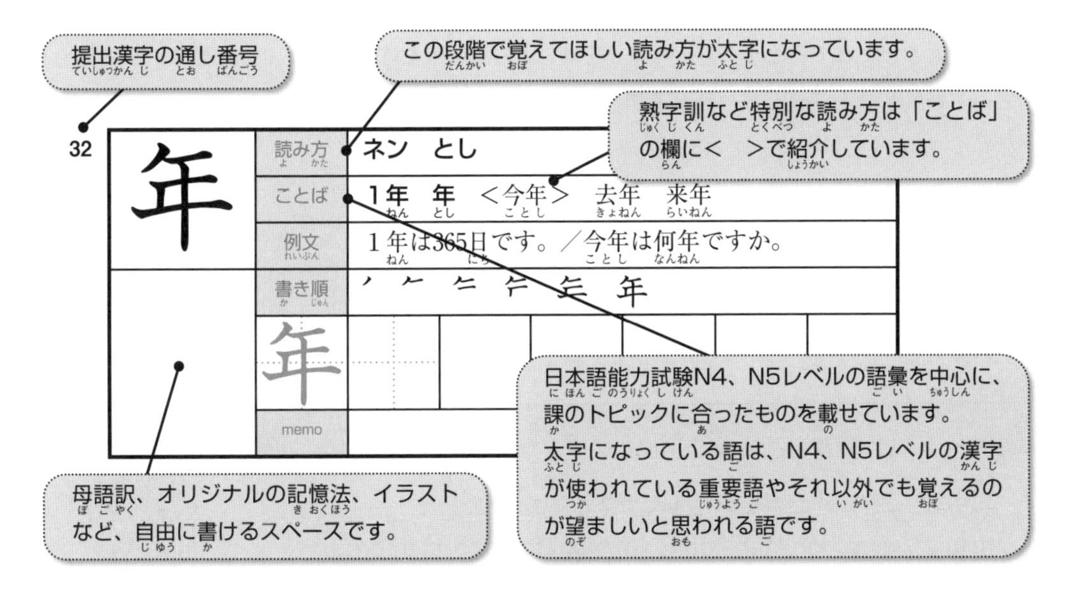

ここでは、タイトルページで紹介した漢字を１字ずつ練習していきます。「漢字のはじまり」「漢字のきほん」「漢字のパーツ」「楽しく覚えよう」などを参考に、漢字の覚え方を考えながら練習しましょう。できるだけいろいろな覚え方のアイディアに触れ、自分なりの漢字学習の方法を見つけましょう。
「ポイント」では、字形や読み方、送り仮名、パーツ（構成要素）など、間違いやすいところを確認します。

＊「漢字たまごのヒント＆ポイント」が、下記のウェブサイトからダウンロードできます。
　アクラス日本語教育研究所（http://www.acras.jp/）

③「練習１：書いてみよう」

②の練習後、提出漢字の読み書きの力をつけるための練習をします。漢字をパーツに分けたり（分解）、パーツから漢字を作ったり（結合）して、漢字が複数のパーツで構成されていることを意識化します。同時に既習の漢字と関連付け、提出漢字の整理も行います。さらに、意味のグループでまとめたり、音読み・訓読み、形声文字・音符に注目した練習もします。ここでは、同様の練習を繰り返し行い、記憶を定着させていきます。

④「練習２：やってみよう」

実際の接触場面に近い状況で、必要な情報を読み取ったり、漢字を書いたりできるよう、実践練習をします。各タスクとも、正しい解答を得るのはもちろんですが、解答に至る道筋・タスク達成の方法を学ぶことが大切です。どのような点に着目すれば正しい情報が得られるか、未知の漢字語彙があった場合、その意味をどのように推測するか実際に体験します。

情報取りには、書かれたものから読み取るものと音声を聞いて書かれている内容と一致させるものの２つのタイプがあります。どちらもまずは１人で、辞書を使わず、自分の力だけでチャレンジします。音声を聞いて答える問題では、聞く前に必ず情報部分を見る時間を取ります。タスクの情報量は多く、未習の漢字や語彙も含まれていますが、その部分を読んだり、意味を確認したりする必要はありません。既に知っている知識をフルに使って、わかる範囲の中で、いかに必要な情報を得ていくかが重要です。

◆ 凡例

02　音声ファイルの番号を表しています。

【👁】　音声を聞く前に、その場面を把握するため、まず問題の図を見るということを示しています。

【👂】　聴読解問題が始まることを示しています。

＊音声のストリーミング再生とMP3ファイルのダウンロードができます。

漢字たまごサポートページ（凡人社ウェブサイト内）
https://www.bonjinsha.com/wp/kanjitamago_elementary

Composition and Application of this Book

◆ Characters included in this book

The book *Kanji Tamago Pre-intermediate Level* includes 164 characters, while the *Elementary Level* includes 162 characters. Together with *Kanji Tamago Elementary and Pre-intermediate Level*, it covers the characters required for passing levels N5 and N4 of the Japanese Language Proficiency Test.

The characters included in each section are divided into the following three categories.

"提出漢字 *Featured characters*": Learners will study the reading and writing of each character.

"読める *Characters for reading*": Learners will only study the meaning and reading of each character. The characters included in this category will reappear in later sections as "提出漢字 *Featured characters*."

"見て、わかる *Characters for recognition*": Learners will gain knowledge of the meaning of each character as a sign, but will not have to study its reading and writing. With some exceptions, the characters included in this category will reappear in later sections as "提出漢字 *Featured characters*."

◆ Composition of the book

(1) "漢字のはじまり *The origin of characters*": a segment that introduces the origins of characters

(2) "漢字のきほん *The basics of characters*": a segment that introduces the fundamental rules regarding characters

(3) Sections 1 through 15, "漢字のパーツ *The components of characters*"

(4) "楽しく覚えよう１／２／３ *Enjoy studying 1/2/3*": a segment that introduces the components (structural elements) of characters, phono-semantic compound characters, and mnemonic methods.

(5) "もう少しやってみよう *Let's study some more*": a collection of questions that help learners review the contents of sections 1 through 15 and the components of characters.

◆ Composition of each section

(1) Title page

(2) "提出漢字 *Featured characters*," "読める *Characters for reading*," and "見て、わかる *Characters for recognition*."

(3) "練習１：書いてみよう *Exercise 1: Let's write*"

(4) "練習２：やってみよう *Exercise 2: Let's try*"

[(5) Column]

◆ *Ruby* (glosses placed alongside characters to indicate their reading, etc.)

"練習１：書いてみよう *Exercise 1: Let's write*": in questions regarding the reading or writing of characters, *ruby* are not provided for characters learners have already studied.

"練習２：やってみよう *Exercise 2: Let's try*": in materials that require learners to independently obtain information (e.g. figures and charts, posters, maps, etc.), *ruby* are not provided.

◆ How to proceed through each section

(1) Title page

The illustrations on the title page feature the characters presented in that section. The title page helps learners develop awareness of the situations in which each character is used, and what kind of abilities learners will acquire through studying each character. If the title page features characters learners already know, they are prompted to remember where and in what kind of situation they encountered those characters, and think of their meaning and reading.

(2) Featured characters

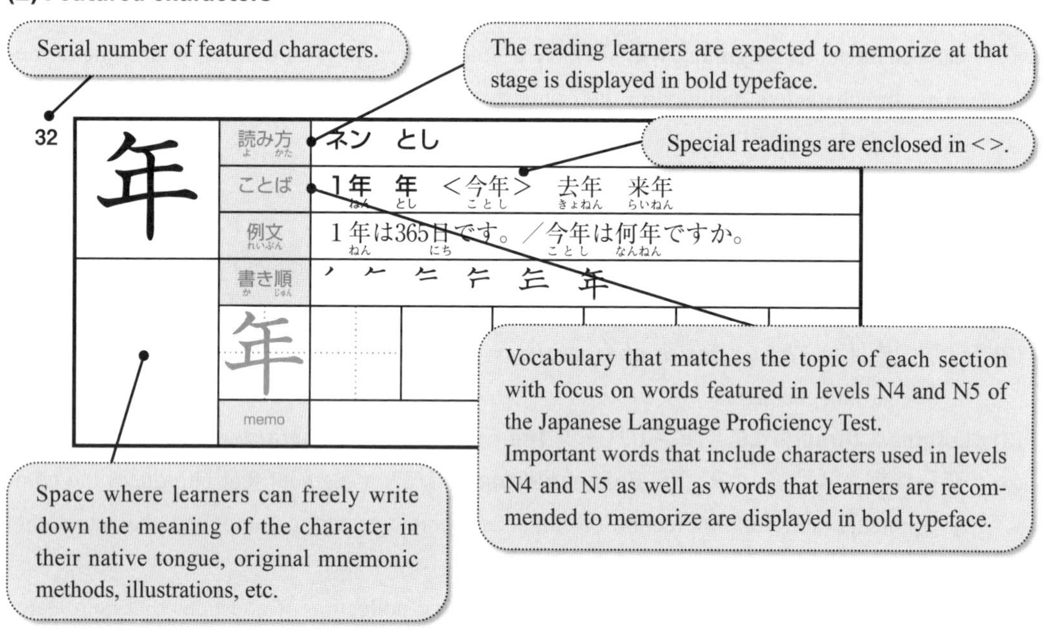

In this segment, learners practice each of the characters presented on the title page one by one. It is recommended to refer to the segments "漢字のはじまり *The origin of characters*," "漢字のきほん *The basics of characters*," "漢字のパーツ *The components of characters*," and "楽しく覚えよう *Enjoy studying*," and practice each character while considering methods to memorize it. The book presents various ideas for mnemonic devices and helps learners discover the method that matches best their abilities and preferences.

In "ポイント *Points*," learners can check and verify various commonly mistaken points, such as the form of the character and its reading, the *okurigana* (kana added after a character to show its Japanese inflection), its components, etc.

"*Kanji Tamago: Hints and Points*" can be downloaded from the website below.

Acras Japanese Language Education Institute (ACRAS)　（http://www.acras.jp/）

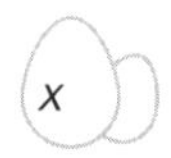

(3) "練習(れんしゅう)１：書(か)いてみよう *Exercise 1: Let's write*"

After completing the exercises in (2), in this section, learners will practice the featured characters with the objective of acquiring reading and writing skills. Exercises in breaking characters down to their components and, vice versa, in assembling characters from various components will develop learners' awareness of the complex structure of characters.

At the same time, the exercises will establish associations with characters learners have already studied, and will help them organize their knowledge of featured characters. Furthermore, learners will practice sorting characters in groups by their meaning, and will conduct exercises that focus on the Chinese and Japanese reading of each character and phono-semantic compound characters (phonetic components). By repeating similar drills over and over, these exercises will help learners firmly commit the featured characters to memory.

(4) "練習(れんしゅう)２：やってみよう *Exercise 2: Let's try*"

In this section, learners will get hands-on practice in conditions close to actual communication situations that will help them develop abilities to obtain necessary information through reading and to write characters. In each task, learners are expected to come up with correct answers, but what is even more important is to learn the process necessary to arrive at the correct answer and to master techniques to accomplish tasks. Learners will study through practical drills what to focus on in order to obtain correct information, and how to guess the meaning of new character vocabulary.

There are two types of exercises for obtaining of information: through reading of written text, and through listening to audio materials and tying them up to written text. In both types, learners should first try to complete the tasks on their own, without using dictionaries.

In the listening comprehension exercises, learners should make sure to take the time and read through the information section before listening to the audio material. The written text will probably contain a large volume of information, and characters and vocabulary that the learners have not studied yet, but there is no need to read through these sections and try to grasp their meaning. The important thing is to take full advantage of the already acquired knowledge and obtain necessary information within the limits of one's own understanding.

◆ Legend

◎ 02 Shows the audio file numbers.

【👁】 Indicates that, before listening to an audio file, learners need to first look at the figure in the task in order to fully understand the situation.

【👂】 Indicates the beginning of a listening and reading comprehension task.

***Audio files (MP3) can be streamed and downloaded from the website below.**

***Kanji Tamago* Support Page (on Bonjinsha's website)**

https://www.bonjinsha.com/wp/kanjitamago_elementary

内容構成表 Table of contents

ないようこうせいひょう

課	タイトル	できることの具体例	Specific examples of things learners will be able to do
	漢字のはじまり		
	漢字のきほん	・漢字の読み方は1つではないことを知る。 ・漢字の基本的な書き方（筆運び）がわかる。 ・漢字がパーツに分解できることを知る。 ・漢字にはいろいろな書体があることを知る。	・Learning that characters have more than one reading. ・Understanding the fundamental rules for writing of characters. ・Learning that characters can be broken down to components. ・Learning that there are various styles for writing characters.
1	どうぞよろしく！	・簡単な自己紹介を、漢字を使って書くことができる。	・Writing a simple self-introduction using characters.
2	買い物	・漢数字で書いてある1～10の数字や、百、千、万円の金額がわかり、読むことができる。 ・スーパーの広告などから、肉の種別がわかり、読むことができる。 ・スーパーなどにある「〇〇産」「〇%引き」「酒」の表示から情報が取れる。	・Understanding and reading the characters for numbers from 1 to 10, as well as for 100, 1,000, 10,000 yen, which are used to indicate monetary amounts. ・Distinguishing and reading the characters for types of meat on supermarket adds. ・Obtaining information from signs at supermarkets indicating place of origin, percentage of discount, and alcoholic beverages.
3	いつ、どこで？	・イベントのお知らせを見て、行われる年月日、曜日、時間がわかり、読むことができる。 ・スケジュールを聞いて、曜日や時間のメモを取ることができる。 ・情報誌を見て、料金や時間がわかる。 ・ゴミの出し方のお知らせを見て、ゴミを捨てる曜日がわかる。	・Reading event announcements and understanding the date, day, and time of holding the event. ・Enquiring after schedules and taking notes about day and time. ・Understanding fees and times from information magazines. ・Understanding which days of the week one can take out the garbage by reading notification on how to take out the garbage.

課	タイトル	できることの具体例	Specific examples of things learners will be able to do
4	新しい町で	・日本の住所を漢字で書くことができる。 ・学生カード申請書などの書類の必要事項の欄がわかり、記入ができる。 ・アルバイトの求人情報を見て、応募方法がわかる。 ・進学案内の本の地域別目次から目的のページがわかる。	・Writing an address in Japan using characters ・Understanding various forms and documents, such as student card applications, etc., and fill in necessary information. ・Understanding how to apply for a part-time position by reading a job advertisement. ・Finding the correct page in a school guidebook by looking at the table of contents by area.
5	楽しい週末	・ホームページ・フリーペーパー・情報誌などから、自分に必要な情報がわかり、読むことができる。 ・友達にメールで休みの日の出来事を書いて伝えることができる。	・Identifying and reading the information one needs on websites, free newspapers or information magazines. ・Communicating to friends, via email, events one has experienced on weekends or holidays.
6	一緒に！	・地域センターや図書館の案内を見て、目的の場所がわかる。 ・ツアーに参加したり、習い事をしたりする場合に、お知らせを見て、必要な情報（時刻、金額）や、お得な情報（割引、サービス）がわかる。 ・漢字を使って、メールで友達を誘うことができる。	・Identifying destinations based on directions provided by a local community center or library. ・Obtaining necessary information (time, fees, etc.) and useful tips (discounts, free services) from available notifications when participating in a tour or attending classes. ・Inviting friends by email, using characters.
	楽しく覚えよう1	・漢字をパーツに分解できる。 ・漢字のパーツには意味を表すもの（意符）があることがわかる。	・Breaking characters down to their components. ・Learning that characters contain components that indicate their meaning (semantic components).
	漢字のパーツ	・漢字が、別の漢字のパーツになることがあるということを知る。 ・既習の漢字をパーツの視点でまとめることができる。	・Learning that some characters are structural components of other characters. ・Sorting characters one has already learned into groups taking into consideration their components.
7	何を食べる？	・メニューの中の食材に関する情報がわかり、読むことができる。 ・メニューから注文したい料理が選べ、読むことができる。	・Reading and understanding information about foods and ingredients listed on a menu. ・Reading a menu and ordering dishes.

課	タイトル	できることの具体例	Specific examples of things learners will be able to do
8	家族のこと	・書類などに書かれている家族構成がわかり、読むことができる。 ・ブログや願書などに、家族について書くことができる。	・Reading and understanding information about family composition in documents, etc. ・Writing about one' s family in blogs or application forms.
9	好きなこと	・書店の売り場案内から、目的の売り場がわかる。 ・本の表紙やポスター、ちらしなどから自分の知りたい情報がわかり、読むことができる。 ・ブログなどに自分の好きなことについて書くことができる。	・Using a bookstore directory in order to reach one' s intended section. ・Identifying and reading information one is interested in on a book cover, poster, or a pamphlet. ・Writing about one' s interests and hobbies in blogs, etc.
	楽しく覚えよう2	・漢字のパーツには意味を表すもの（意符）、音を表すもの（音符）があることがわかる。	・Learning that characters are made of components that indicate the meaning of the character (semantic components) and components that indicate its reading (phonetic components).
	楽しく覚えよう3	・ストーリーやイラストを使った覚え方に触れる。 ・自分なりの覚え方を考えることができる。	・Learning mnemonic methods that use stories and illustrations. ・Coming up with original mnemonic methods.
10	待ち合わせ	・地図や駅の構内図などを見て、目的地がわかる。 ・漢字を使ってメールで待ち合わせ場所の説明ができる。 ・地図を見て、身近な施設の場所がわかる。	・Identifying one' s destination on a map or train station diagram. ・Giving directions to a meeting spot via email, using characters. ・Identifying the location of facilities nearby on a map.
11	何時に、何をする？	・イベントや公演のお知らせを見て、そのスケジュールがわかる。 ・合宿のスケジュール表に書いてある活動内容がわかり、読むことができる。また、簡単な内容について書くことができる。 ・「休日にすること」についてのグラフの項目がわかり、読むことができる。	・Understanding the schedule of events and performances by reading notifications. ・Reading the schedule of a training camp and understanding the content of the planned activities. Also, writing a rough information about such activities. ・Reading and understanding the items on a chart about "things to do on a day off."

課	タイトル	できることの具体例	Specific examples of things learners will be able to do
12	病気のとき	・薬や日用品のパッケージに使われている簡単な漢字がわかる。 ・病院の情報が載っている情報誌を見て、行きたい病院が見つけられる。 ・病院の案内表示を見て、目的の場所がわかる。 ・薬局でもらった薬の袋を見て、服用方法がわかる。	・Understanding the simple characters used on the packages of medicines and daily commodities. ・Identifying the medical institution one wishes to visit by reading a hospital information magazine. ・Identifying one's destination in a hospital by looking at the directory. ・Understanding dosage by reading the instructions on the package.
13	旅行に行こう	・旅行に関するウェブサイトを見て、季節の情報がわかる。 ・旅行会社のウェブサイトを見て、必要な情報のページがわかり、そこにある旅行プランの内容がわかる。 ・航空会社のウェブサイトを見て、自分に合った割引プランを選ぶことができる。 ・旅行パンフレットを見て、目的のツアーや予約方法などがわかる。	・Understanding seasonal information by browsing travel websites. ・Identifying webpages with necessary information on a travel agency website and understanding the contents of the available travel plans. ・Selecting discount flight plans that match one's preferences by browsing airline company websites. ・Identifying travel plans in travel agency brochures and understanding the reservation method.
14	気をつけて！	・バス車内の注意書きがわかる。 ・駅の券売機の表示がわかる。 ・道路の標識がわかる。 ・施設や店内の表示がわかる。	・Understanding written instructions in buses. ・Understanding the signs on ticket vending machines at stations. ・Understanding road signs. ・Understanding signs in facilities and stores.
15	どんなニュース？	・新聞などの天気欄からその日の天気がわかる。 ・駅などの電光掲示板を見て、運行状況などがわかる。 ・テレビのニュース速報（テロップ）やインターネットニュースなどから、簡単なニュースの内容がわかる。 ・自分の国の気候について書くことができる。	・Understanding the weather for the day by reading the weather forecast section in a newspaper. ・Understanding the train service situation by reading digital bulletin boards in stations, etc. ・Understanding simple news by reading TV newsflashes, which appear as subtitles on the TV screen, and Internet news. ・Writing about the climate in one's own country.

漢字リスト Kanji list

課	トピック	提出漢字														字数	読める						語数	見て、わかる			語数
1	どうぞよろしく！	私	人	才	学	生	校	日	本	語						9							-				-
2	買い物	一	二	三	四	五	六	七	八	九	十	百	千	万	円	14	牛肉	豚肉	鶏肉				3	～産	～引き	酒	3
3	いつ、どこで？	月	火	水	木	金	土	曜	何	年	時	間	分			12	雨	場所					2	平日	祝日		2
4	新しい町で	東	京	名	前	国	男	女	区	市						9	電話	住所	～歳				3	性別			1
5	楽しい週末	先	週	毎	午	後	見	食	飲	買	物	行	休			12	～放題						1	営業	徒歩		2
6	一緒に！	今	来	帰	会	社	聞	読	書	話						9	新聞	図書館	辞書				3	受付			1
	漢字のパーツ	寺	言	貝	田	力	門									6							-				-
7	何を食べる？	肉	料	理	野	半	大	小								7	魚	野菜	ご飯	酒	～丼	半額	6	定食			1
8	家族のこと	家	族	父	母	兄	弟	姉	妹	犬	高	長	短			12	趣味						1	出身地	職業		2
9	好きなこと	好	歌	音	楽	車	映	画	旅	海	外					10	雑誌	漢字					2	書店			1
10	待ち合わせ	駅	上	下	地	図	館	右	左	道						9	北口	南口	西口	銀行	地下鉄		5	駐車場			1
11	何時に、何をする？	起	歩	乗	始	終	勉	強	朝	昼	夜					10	自転車	寝る					2	集合			1
12	病気のとき	体	目	耳	口	歯	病	院	薬	局						9	体重	受付	熱				3	内科	外科		2
13	旅行に行こう	世	界	春	夏	秋	冬	早	夕	予	約	光				11	観光	出発	到着				3	～泊～日	～付き	～券	3
14	気をつけて！	入	出	持	立	使	用	中	新	古	注	意	止			12	禁止	降りる					2	最～	優先席	禁煙	3
15	どんなニュース？	天	気	雨	台	風	多	低	度	交	通	死				11	気温	事故	地震				3	晴	曇	雪	3
																162							39				26

漢字たまご
かんじ

第1課～第15課
だい　か　だい　か

漢字のはじまり

絵からできた漢字

記号のような漢字

Q２　この漢字は、どんな漢字？

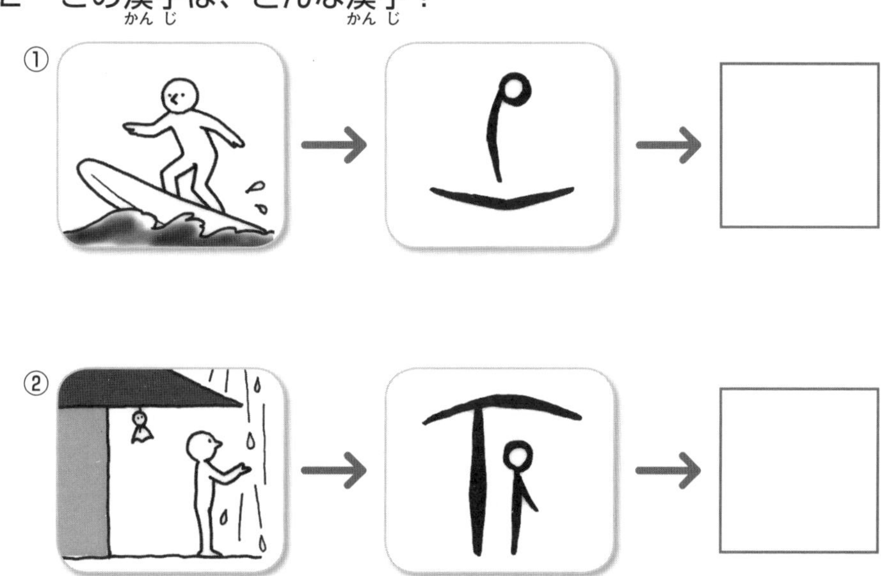

漢字のきほん

漢字の読み方

漢字の読み方は１つではありません。

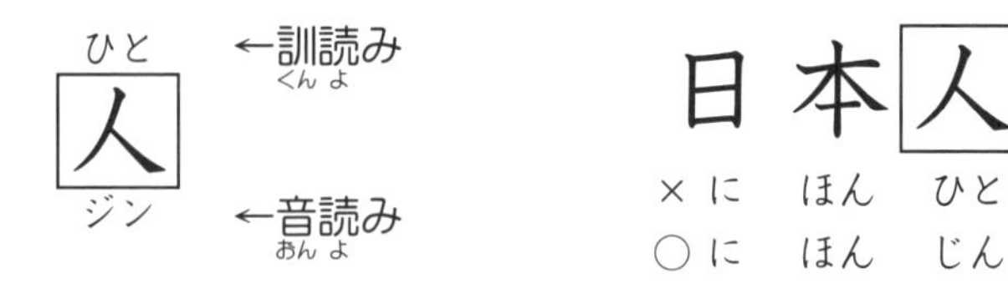

漢字の書き方

①左から右へ

②上から下へ

③曲げる

漢字を切ってみよう

Q　①〜③は、A・Bどちらのパターンですか。

①私　②学　③校

A　B

いろいろなデザイン

日本語　日本語　日本語　日本語　日本語

第1課（だい　か）

どうぞよろしく！

1 私	読み方（よみかた）	わたし　シ　わたくし
	ことば	私（わたし）　私立（しりつ）
	例文（れいぶん）	
	書き順（かきじゅん）	ノ 二 千 千 禾 私 私
	私	
	memo	
2 人	読み方（よみかた）	ジン　ニン　ひと
	ことば	日本人（にほんじん）　3人（にん）　人（ひと）
	例文（れいぶん）	
	書き順（かきじゅん）	ノ 人
	人	
	memo	
3 才	読み方（よみかた）	サイ
	ことば	25才（さい）
	例文（れいぶん）	
	書き順（かきじゅん）	一 十 才
	才	
	memo	
4 学	読み方（よみかた）	ガク（ガッ）　まな-ぶ
	ことば	学生（がくせい）　学校（がっこう）　大学（だいがく）　留学生（りゅうがくせい）　学ぶ（まな）
	例文（れいぶん）	
	書き順（かきじゅん）	丶 丷 ⺍ ⺍ 𰀁 ⺕ 学 学
	学	
	memo	
5 生	読み方（よみかた）	セイ ショウ い-かす い-きる い-ける う-まれる う-む お-う き なま は-える は-やす
	ことば	学生（がくせい）　大学生（だいがくせい）　先生（せんせい）　生きる（い）　生まれる（う）
	例文（れいぶん）	
	書き順（かきじゅん）	ノ ⺈ 仁 牛 生
	生	
	memo	

ポイント

①どっちがいい？

【ひと】

A 人　B 入

ポイント

②どっちがいい？

A 学　B 学

学	生		

6

校		
	読み方(よみかた)	コウ
	ことば	学校(がっこう)
	例文(れいぶん)	
	書き順(かきじゅん)	一 十 才 木 木' 木⁻ 杧 杧 校 校
	校	
	memo	

ポイント

③どっちがいい？

【学校】

A がくこう

B がっこう

学校

7

日		
	読み方(よみかた)	ニチ（ニ） ひ（び） カ ジツ
	ことば	日本(にほん) 15日(にち) 日(ひ) 誕生日(たんじょうび) 3日(みっか) 休日(きゅうじつ)
	例文(れいぶん)	
	書き順(かきじゅん)	丨 冂 日 日
	日	
	memo	

8

本		
	読み方(よみかた)	ホン もと
	ことば	日本(にほん) 本(ほん)
	例文(れいぶん)	
	書き順(かきじゅん)	一 十 才 木 本
	本	
	memo	

ポイント

④どっちがいい？

【ほん】

A 木 B 本

日本

9

語		
	読み方(よみかた)	ゴ かた-らう かた-る
	ことば	日本語(にほんご) ～語(ご)
	例文(れいぶん)	
	書き順(かきじゅん)	` 亠 亖 言 言 言 言 訂 訂 訐 語 語 語 語
	語	
	memo	

ポイント

⑤どっちがいい？

【日本語】

A にほんご

B にほんこ

日本語

練習1 れんしゅう　書(か)いてみよう

Ⅰ　漢字(かんじ)を作(つく)ってください。

①　ノ ＋ 木 ＋ ム ＝ □　　②　子 ＋ ⺍ ＋ 冖 ＝ □

Ⅱ　＿＿に□の漢字(かんじ)を書(か)いてください。

はじめまして。

＿＿は山田真希(やまだまき)です。21＿＿です。＿＿＿＿です。

よろしくお願(ねが)いします。

生　本　私　学　才

Ⅲ　＿＿＿をひらがなで書(か)いてください。

①サムさんは＿学生＿です。

②アンさんはアメリカ＿人＿です。19＿才＿です。

③＿私＿の＿学校＿はあおぞら＿日本語学校＿です。

練習2 れんしゅう　やってみよう

あなたの自己紹介(じこしょうかい)を書(か)いてください。

第2課
だい　か

買い物
か　もの

10 一

読み方(よみかた)	**イチ**　イツ　ひと　ひと-つ
ことば	**一**(いち)　**一月**(いちがつ)　一つ(ひと)　＜一人＞(ひとり)　＜一日＞(ついたち)
例文(れいぶん)	
書き順(かきじゅん)	一
memo	

11 二

読み方(よみかた)	二　ふた　ふた-つ
ことば	二(に)　二月(にがつ)　二つ(ふた)　＜二人＞(ふたり)　＜二日＞(ふつか)
例文(れいぶん)	
書き順(かきじゅん)	一　二
memo	

12 三

読み方(よみかた)	**サン**　み　み-つ　みっ-つ
ことば	**三**(さん)　**三月**(さんがつ)　三日(みっか)　三つ(みっ)
例文(れいぶん)	
書き順(かきじゅん)	一　二　三
memo	

13 四

読み方(よみかた)	**シ**　**よん/よ**　よ-つ　よっ-つ
ことば	**四**(よん)　**四月**(しがつ)　**四時**(よじ)　四日(よっか)　四つ(よっ)
例文(れいぶん)	
書き順(かきじゅん)	丨　冂　冂　四　四
memo	

14 五

読み方(よみかた)	**ゴ**　いつ　いつ-つ
ことば	**五**(ご)　**五月**(ごがつ)　五日(いつか)　五つ(いつ)
例文(れいぶん)	
書き順(かきじゅん)	一　丆　五　五
memo	

ポイント

①どっちがいい？

A 五　B 五

15 六

読み方	ロク　む　むい　むつ　むっ-つ
ことば	六（ろく）　六月（ろくがつ）　六日（むいか）　六つ（むっ）
例文	
書き順	' 亠 六 六
六	
memo	

16 七

読み方	シチ　なな　なな-つ　なの
ことば	七（なな）　七月（しちがつ）　七つ（なな）　七日（なのか）
例文	
書き順	一 七
七	
memo	

ポイント

②どっちがいい？

【7】

A セ　B 七

17 八

読み方	ハチ　や　や-つ　やっ-つ　よう
ことば	八（はち）　八月（はちがつ）　八つ（やっ）　八日（ようか）
例文	
書き順	ノ 八
八	
memo	

18 九

読み方	キュウ　ク　ここの　ここの-つ
ことば	九（きゅう）　九月（くがつ）　九日（ここのか）　九つ（ここの）
例文	
書き順	ノ 九
九	
memo	

19 十

読み方	ジュウ　ジッ（ジュッ）　と　とお
ことば	十（じゅう）　十月（じゅうがつ）　十歳（じっ/じゅっさい）　十（とお）　十日（とおか）
例文	
書き順	一 十
十	
memo	

20	百	読み方	ヒャク（ビャク　ピャク／ヒャッ）
		ことば	百(ひゃく)　三百円(さんびゃくえん)　六百(ろっぴゃく)
		例文	
		書き順	一 丆 丆 百 百 百
		百	
		memo	

ポイント
③どっちがいい？
【100】
A 百
B 一百

21	千	読み方	セン（ゼン）　ち
		ことば	千(せん)　三千円(さんぜんえん)　千葉(ちば)
		例文	
		書き順	ノ 二 千
		千	
		memo	

ポイント
④どっちがいい？
【1000】
A 千　B 千

22	万	読み方	マン　バン
		ことば	一万円(いちまんえん)　百万(ひゃくまん)　一千万(いっせんまん)
		例文	
		書き順	一 ゔ 万
		万	
		memo	

ポイント
⑤どっちがいい？
A 万　B 万

23	円	読み方	エン　まる-い
		ことば	百円(ひゃくえん)　千円(せんえん)　一万円(いちまんえん)　円い(まるい)
		例文	
		書き順	丨 冂 冂 円
		円	
		memo	

ポイント
⑥どっちがいい？
【10000】
A 万
B 一万

読める

牛	肉
ぎゅう	にく

豚	肉
ぶた	にく

鶏	肉
とり	にく

ポイント

⑦どっちがいい？

【牛肉】
A ぎゅにく
B ぎゅうにく

【豚肉】
A ぶだにく
B ぶたにく

見て、わかる

アメリカ	産

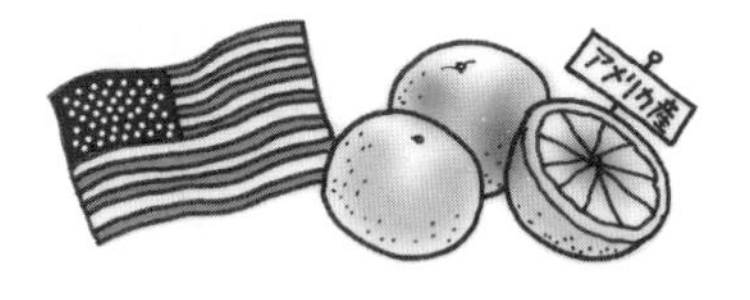

＊国産(こくさん)…domestic/国产/국산
例(れい)）国産(こくさん)ワイン

10%	引	き

酒

練習1(れんしゅう) 書(か)いてみよう

I　(　　)に □ の漢字(かんじ)を書(か)いてください。

一　七　五　十　三　六　九　二　八　四

(　一　)→(　二　)→(　　)→(　　)→(　　)
→(　　)→(　　)→(　八　)→(　　)→(　　)

II　＿＿に答(こた)えを書(か)いてください。

①これはオーストラリア［ 産 ・ 生 ］の
［ 牛肉 ・ 豚肉 ］です。

②今日(きょう)、おにぎりは＿＿＿＿＿＿円です。

③ラーメンは＿＿＿＿＿＿円です。
牛丼(ぎゅうどん)は＿＿＿＿＿＿円です。

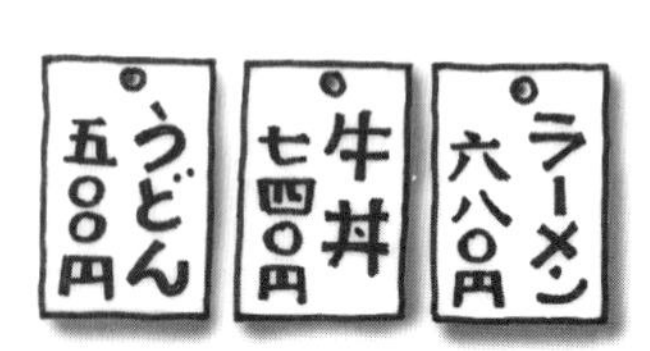

III　＿＿の漢字(かんじ)をひらがなで、ひらがなを漢字(かんじ)で書(か)いてください。

①A：これはどこの＿豚肉＿ですか。　B：日本の豚肉です。

②A：この＿鶏肉＿はいくらですか。　B：100ｇ＿百円＿です。

③この靴(くつ)は＿いちまん＿円です。

練習2 やってみよう

Ⅰ　あなたは買い物に行きます。

①お財布の中はいくらですか。　＿＿＿＿＿＿＿＿

②あなたはコンビニへ行きました。

ジュースを買います。

Aを買いますか。Bを買いますか。　＿＿＿＿

Ⅱ　あなたはスーパーで、広告*を見ます。今日は、肉を買います。

＊広告…advertisement/广告/광고

8日（火）	9日（水）
カルピスソーダ1.5L 1本　158円(税込)	味の国 **ピュア・マヨネーズ400g** 1本　148円(税込)
東西製麺 **そうめん・うどん360g** 各1袋　78円(税込)	**国産 若鶏ムネ肉** 100g　58円(税込)
国産　若鶏モモ肉 100g　88円(税込)	**アメリカ産 豚ローススライス** 100g　118円(税込)
国産 牛肉（肩ロース） 100g　118円(税込)	**オーストラリア産 牛肉 焼肉用** 100g　99円(税込)

①今日は８日です。ぎゅうにくはいくらですか。

②とりにくはいつ安いですか。

③今日は９日です。ぶたにくはどこのですか。

Ⅲ　これからあなたは友達と買い物に行きます。

02

【👁】 A・Bの広告を見てください。

【Aスーパー】

【Bスーパー】

【👂】 どちらのスーパーで買いますか。

［　Aスーパー　・　Bスーパー　］で肉を買います。

Ⅳ　スーパーでポスターを見ました。

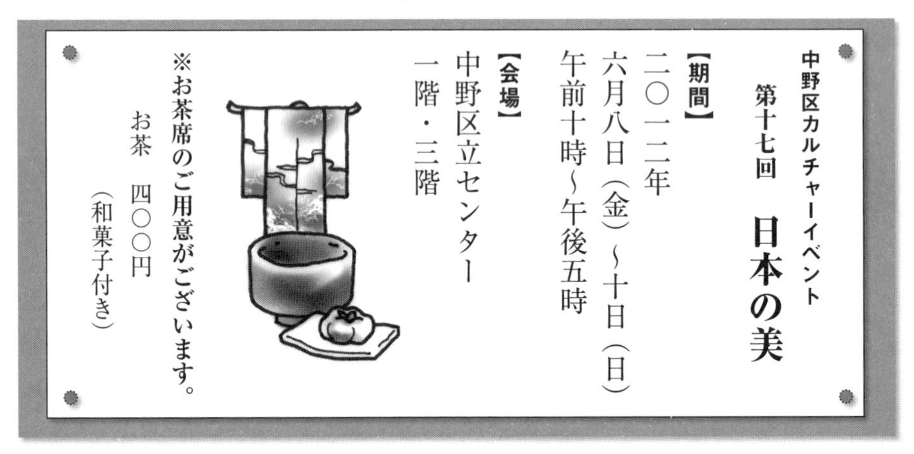

① これはいつですか。

A　6/8 〜 6/9　　　B　6/8 〜 6/10

C　8/6 〜 8/9　　　D　8/6 〜 8/10

② 何時ですか。　＿＿＿＿：＿＿＿＿〜＿＿＿＿：＿＿＿＿

③ お茶はいくらですか。　＿＿＿＿円

第3課
だい　か

いつ、どこで？

7（月）	アルバイト　3：00～6：00
8（火）	
9（水）	サッカー
10（木）	入学式　9：00～
11（金）	
12（土）	10：00　新宿
13（日）	お花見★

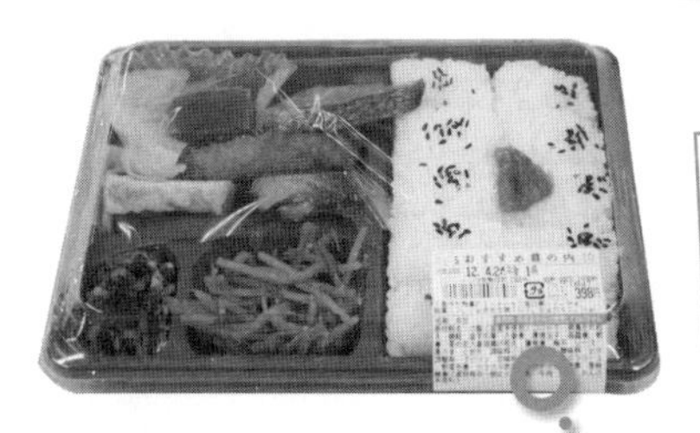

＜コンビニEW＞
品　　名：お花見弁当
消費期限：20××年4月14日　午後3時
（20××.4.14　午前6時　製造）

24	月	
	読み方	ガツ　ゲツ　つき
	ことば	月曜日（げつようび）　一月（いちがつ）　月（つき）
	例文	
	書き順	丿 冂 月 月
	月	
	memo	

ポイント
①どっちがいい？
【三月】
A さんげつ
B さんがつ

25	火	
	読み方	カ　ひ　ほ
	ことば	火曜日（かようび）　火（ひ）　火事（かじ）
	例文	
	書き順	ヽ ソ ⺍ 火
	火	
	memo	

26	水	
	読み方	スイ　みず
	ことば	水曜日（すいようび）　水（みず）
	例文	
	書き順	亅 刀 水 水
	水	
	memo	

ポイント
②どっちがいい？
A 水　B 水

27	木	
	読み方	モク　き　ボク　こ
	ことば	木曜日（もくようび）　木（き）
	例文	
	書き順	一 十 オ 木
	木	
	memo	

28	金	
	読み方	キン　かね　コン　かな
	ことば	金曜日（きんようび）　お金（かね）
	例文	
	書き順	ノ 人 亼 今 伞 伞 余 金
	金	
	memo	

29		
土	読み方	ド　つち　ト
	ことば	土曜日（どようび）　土（つち）　土地（とち）
	例文	
	書き順	一　十　土
	土	
	memo	

30		
曜	読み方	ヨウ
	ことば	日曜日（にちようび）
	例文	
	書き順	日　日ﾖ　日ﾖﾖ　… 曜
	曜	
	memo	

31		
何	読み方	なに　なん　カ
	ことば	何（なに）／何（なん）　何曜日（なんようび）
	例文	それは何（なん）ですか。／日曜日（にちようび）、何（なに）をしますか。
	書き順	ノ　亻　仁　佇　何　何　何
	何	
	memo	

32		
年	読み方	ネン　とし
	ことば	1年（ねん）　年（とし）　＜今年（ことし）＞　去年（きょねん）　来年（らいねん）
	例文	1年（ねん）は365日（にち）です。／今年（ことし）は何年（なんねん）ですか。
	書き順	ノ　𠂉　𠂉　左　年　年
	年	
	memo	

33		
時	読み方	ジ　とき
	ことば	1時（じ）　1時間（じかん）　時（とき）　＜時計（とけい）＞
	例文	アルバイトは6時（じ）からです。／家（いえ）から学校（がっこう）まで電車（でんしゃ）で1時間（じかん）です。
	書き順	丨　冂　日　日　日一　日十　日土　時　時　時
	時	
	memo	

ポイント

③どっちがいい？
【なん曜日】
A 何　B 何

ポイント

④どっちがいい？
【何日】
A なんにち
B なににち

何月

ポイント

⑤どっちがいい？
A 年　B 年

ポイント

⑥違（ちが）うものは？
A 特　B 持
C 時　D 昨

34		
間	読み方（よみかた）	カン　あいだ　ケン　ま
	ことば	時間（じかん）　AとBの間（あいだ）　間に合（まにあ）います
	例文（れいぶん）	私（わたし）の国（くに）から日本（にほん）まで3時間（じかん）です。／花屋（はなや）は本屋（ほんや）と銀行（ぎんこう）の間（あいだ）にあります。
	書き順（かきじゅん）	丨 冂 冂 冃 冃 門 門 門 門 閅 間 間
	間	
	memo	

ポイント

⑦違（ちが）うものは？

A 開　B 眼
C 聞　D 間

時間

35		
分	読み方（よみかた）	フン（プン）　ブン　ブ　わ-かつ　わ-かる　わ-かれる　わ-ける
	ことば	5分（ふん）　10分（ぷん）　分（わ）かります　分（わ）けます　十分（じゅうぶん）
	例文（れいぶん）	昼休（ひるやす）みは12時（じ）15分（ふん）から1時（じ）10分（ぷん）までです。
	書き順（かきじゅん）	ノ 八 分 分
	分	
	memo	

ポイント

⑧どっちがいい？

A 分　B 分

読（よ）める

見（み）て、わかる

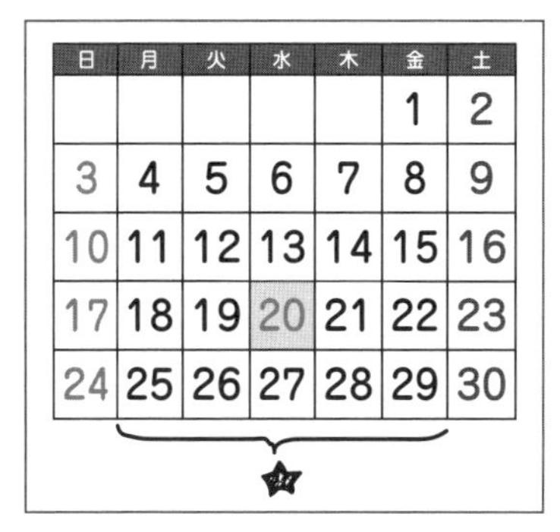

日	月	火	水	木	金	土
					1	2
3	4	5	6	7	8	9
10	11	12	13	14	15	16
17	18	19	20	21	22	23
24	25	26	27	28	29	30

祝日

3月

日	月	火	水	木	金	土
					1	2
3	4	5	6	7	8	9
10	11	12	13	14	15	16
17	18	19	20	21	22	23
24	25	26	27	28	29	30

National Holiday

練習1 書いてみよう

Ⅰ　(　　)に［　］の漢字を書いてください。

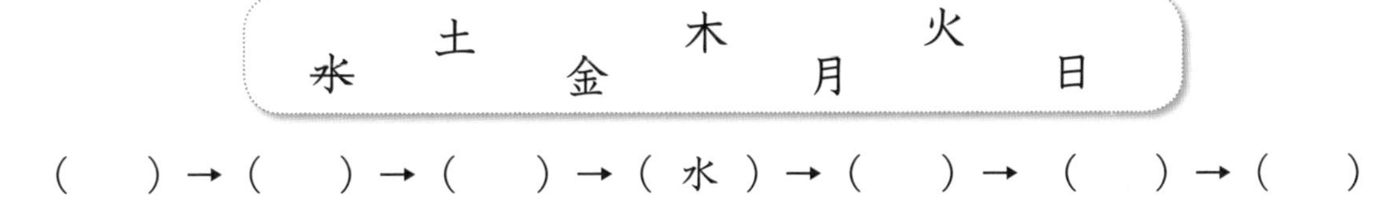

(　　)→(　　)→(　　)→(水)→(　　)→(　　)→(　　)

Ⅱ　□に漢字を1つ書いて、(　　)にひらがなを書いてください。

① 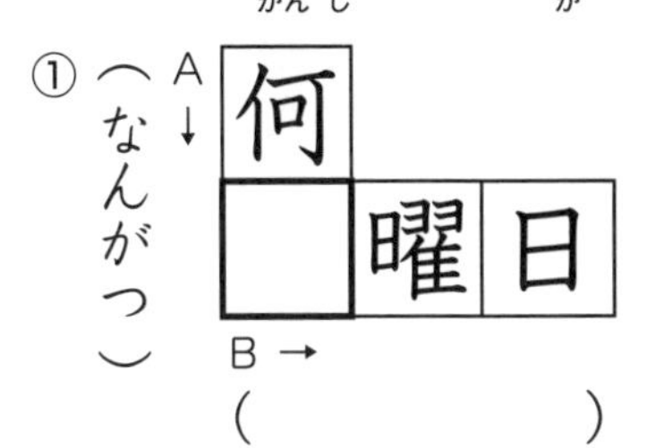

② 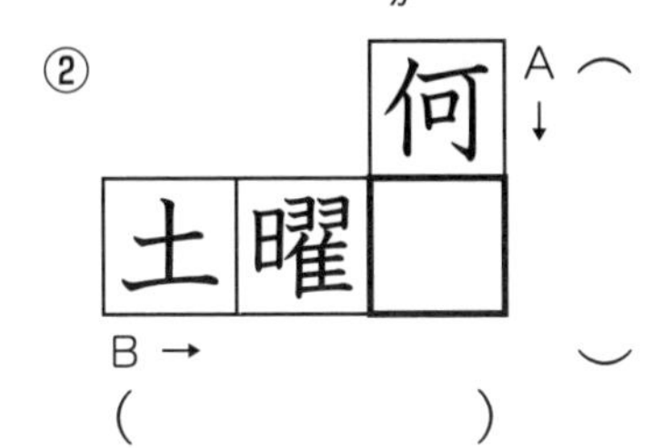

Ⅲ　＿＿に［　］の漢字を書いてください。

時　分
年　間

① 1＿＿は365日です。

② 1時間は60＿＿です。

③ 4時から8時までアルバイトです。

⇒4＿＿ ＿＿アルバイトをします。

Ⅳ　＿＿の漢字をひらがなで、ひらがなを漢字で書いてください。

① げつようび から きんようび まで大学で勉強します。

② アルバイトは 火曜 と 木曜 の3 じ からです。土 、日 は休みです。

Ⅴ　Ⅲを見て、あなたのスケジュールを書いてください。

練習2(れんしゅう) やってみよう

Ⅰ 「花火大会(はなびたいかい)のお知(し)らせ」を見(み)ました。

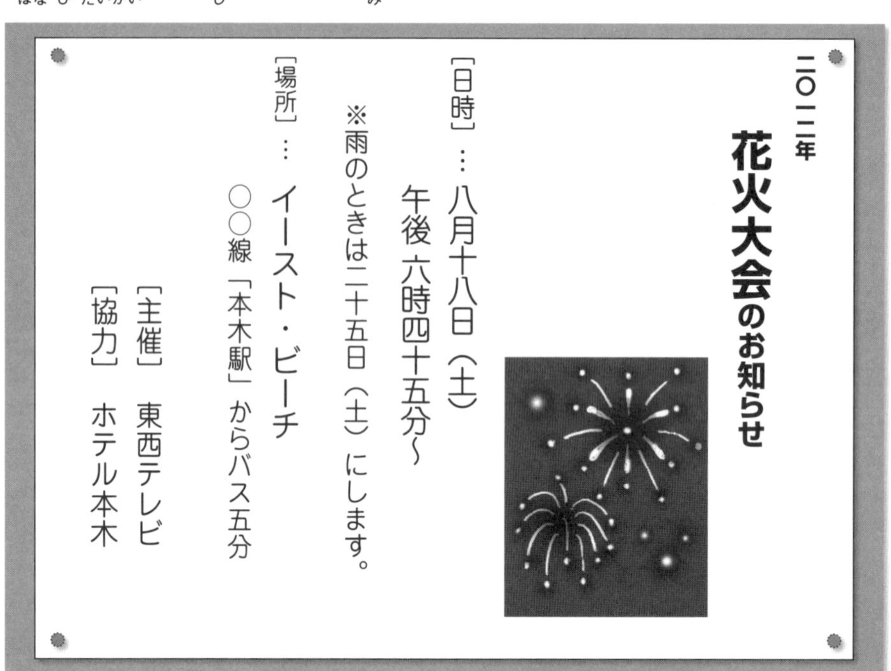

① 花火大会(はなびたいかい)はいつですか。 ＿＿＿＿＿＿＿＿＿＿

② 花火(はなび)は何時(なんじ)からですか。 ＿＿＿＿＿＿＿＿＿＿から

③ 花火大会(はなびたいかい)はどこでありますか。

A

B

C

④ 駅(えき)からどのくらいですか。 ＿＿＿＿＿＿＿＿＿＿

⑤ 花火(はなび)の日(ひ)、あめでした。花火大会(はなびたいかい)はいつですか。 ＿＿＿＿＿＿＿＿＿＿

Ⅱ　アリさんはアルバイトをしています。店長と話します。 03

【👁】 アリさんのスケジュールを見てください。

9月

日	
25（月）	
26（火）	
27（水）	アルバイト 5:00
28（木）	
29（金）	
30（土）	アルバイト 1:00
1（日）	サッカー

10月

日	
2（月）	
3（火）	
4（水）	
5（木）	
6（金）	
7（土）	
8（日）	

【👂】 いつアリさんはアルバイトをしますか。

スケジュールに10月からのアルバイトの時間をメモしてください。

Ⅲ　雑誌を見ています。これは映画のページです。

① 大学生は何曜日が安いですか。　＿＿＿＿＿＿＿＿

② 金曜日の午前に行きます。何時から見ますか。　＿＿＿＿＿＿＿＿

Ⅳ　お知(し)らせを見(み)ています。

<ごみ収集のお知らせ>

※ごみは朝8:30までに出しましょう。
※ビン・カンは8:00までに出してください。

燃やすごみ		火・金
燃やさないごみ		木
リサイクルごみ	プラスチック・ペットボトル	月
	ビン・カン	水
	新聞・雑誌・本	第2・第4土

＊ごみ…garbage/垃圾/쓰레기

今日(きょう)は15日(にち)です。①～③のごみの日(ひ)は何日(なんにち)ですか。

①

＿＿＿＿＿＿

②

＿＿＿＿＿＿

③

＿＿＿＿＿＿

日	月	火	水	木	金	土
				1	2	3
4	5	6	7	8	9	10
11	12	13	14	15	16	17
18	19	20	21	22	23	24
25	26	27	28	29	30	31

第4課
だい　か

新しい町で
あたら　まち

ふりがな	やま　だ　　ま　き		
名前	山田　真希	性別	男　(女)
ふりがな	とうきょうと　なかのく　ちゅうおう		
住所	東京都中野区中央1－23－45		
電話	（03）1234－5678		
ふりがな	さいたまけん　かわぐちし　ひがしまち　　かぶしきがいしゃ		
勤務先住所	埼玉県川口市東町87-201 株式会社イースト		
勤務先電話	（03）1111－2222		

36 東

読み方	トウ　ひがし
ことば	東京（とうきょう）　東（ひがし）
例文	日本（にほん）は東（ひがし）アジアの国（くに）です。
書き順	一　丆　戸　百　旦　申　東　東
memo	

37 京

読み方	キョウ　ケイ
ことば	東京（とうきょう）　京都（きょうと）
例文	東京（とうきょう）は人（ひと）が多（おお）いです。
書き順	丶　亠　亠　古　亩　亨　京　京
memo	

ポイント
①どれがいい？
【東京】
A ときょう
B とうきょ
C とうきょう

東京

38 名

読み方	メイ　な　ミョウ
ことば	名前（なまえ）　有名（ゆうめい）
例文	名前（なまえ）を書（か）いてください。
書き順	ノ　ク　夕　夕　名　名
memo	

ポイント
②どっちがいい？
A 名　B 名

39 前

読み方	ゼン　まえ
ことば	名前（なまえ）　前（まえ）　午前（ごぜん）
例文	私（わたし）の名前（なまえ）はアンです。
書き順	丶　丷　䒑　䒑　前　前　前　前　前
memo	

ポイント
③どっちがいい？
A 前　B 前

名前

40 国

読み方	コク　くに
ことば	国（くに）　外国（がいこく）　韓国（かんこく）　中国（ちゅうごく）
例文	私（わたし）の国（くに）はアメリカです。
書き順	丨　冂　冂　冂　冃　国　国　国
memo	

41	男		
		読み方（よみかた）	おとこ　ダン　ナン
		ことば	男の人（おとこのひと）　男性（だんせい）
		例文（れいぶん）	あの男の人は誰ですか。（おとこ　ひと　だれ）
		書き順（かきじゅん）	丨 ⼝ 田 田 田 男 男
		男	
		memo	

ポイント
④どっちがいい？
A 男　B 男

42	女		
		読み方（よみかた）	おんな　ジョ　ニョ　ニョウ　め
		ことば	女の人（おんなのひと）　女性（じょせい）
		例文（れいぶん）	あの女の人は私の先生です。（おんな　ひと　わたし　せんせい）
		書き順（かきじゅん）	く 女 女
		女	
		memo	

43	区		
		読み方（よみかた）	ク
		ことば	～区（く）　区役所（くやくしょ）
		例文（れいぶん）	中野区に住んでいます。（なかのく　す）
		書き順（かきじゅん）	一 フ ヌ 区
		区	
		memo	

44	市		
		読み方（よみかた）	シ　いち
		ことば	～市（し）　市役所（しやくしょ）　市場（いちば）
		例文（れいぶん）	住所は北山市中川1－2－3です。（じゅうしょ　きたやまし　なかがわ）
		書き順（かきじゅん）	丶 亠 亠 亡 市
		市	
		memo	

ポイント
⑤どっちがいい？
A 市　B 市

読[よ]**める**

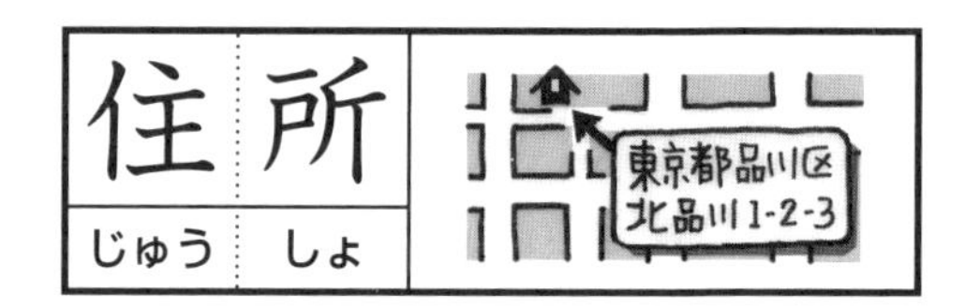

見[み]**て、わかる**

性別

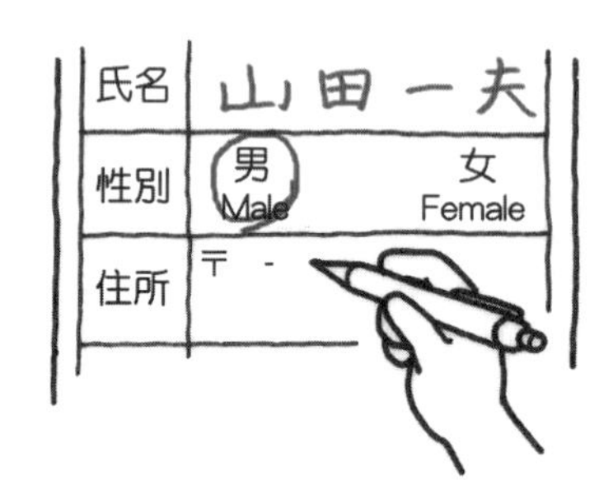

練習(れんしゅう) 1　書(か)いてみよう

Ⅰ　漢字(かんじ)を作(つく)ってください。

① 田 ＋ 力 ＝ □

② く ＋ ノ ＋ 一 ＝ □

③ 木 ＋ □ ＝ 東

④ 亠 ＋ □ ＋ 小 ＝ 京

Ⅱ　□から選(えら)んで漢字(かんじ)の言葉(ことば)と文(ぶん)を作(つく)ってください。

日　京　名　女　学　語　本

生　東　男　前　校　国

例(れい)）日本語(にほんご)を勉強(べんきょう)します。

・＿＿＿＿＿＿＿＿＿＿＿＿＿＿＿＿

・＿＿＿＿＿＿＿＿＿＿＿＿＿＿＿＿

・＿＿＿＿＿＿＿＿＿＿＿＿＿＿＿＿

Ⅲ　＿＿＿の漢字(かんじ)をひらがなで、ひらがなを漢字(かんじ)で書(か)いてください。

① A：お<u>名前</u>は？　　B：アンです。

② A：<u>住所</u>はどこですか。　　B：<u>とうきょう</u>の中野(なかの)<u>く</u>です。

③ 今日(きょう)、<u>市</u>役所(やくしょ)へ行きます。

Ⅳ　自分(じぶん)の住所(じゅうしょ)を書(か)きましょう。

練習2 やってみよう

I　学生カードを作ります。書いてください。

学生カード申請書

氏名	フリガナ	性別	□男 □女	国籍	
生年月日		年齢	才		
住所	フリガナ				
電話番号					

II　学校のロビーでアルバイト募集のチラシを見ました。

アルバイトさん募集！

ピザホット

＊週４日以上働ける方
＊学生さん大歓迎！

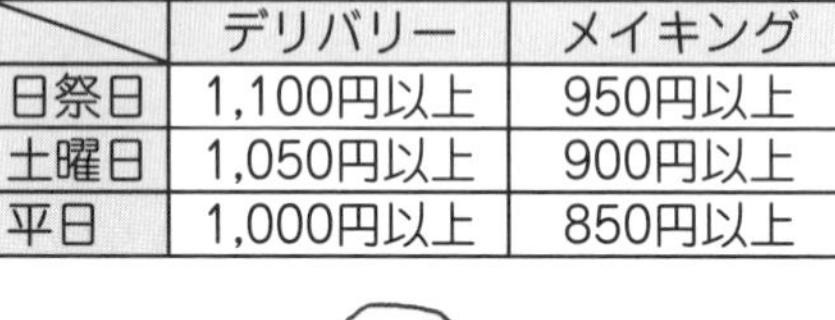

	デリバリー	メイキング
日祭日	1,100円以上	950円以上
土曜日	1,050円以上	900円以上
平日	1,000円以上	850円以上

・メイキング（男女）
・デリバリー（男性）　＊要バイク免許

アルバイトをしたい人は、まず、お電話ください！
東中野店　03-0000-0000

①まりさんはこのアルバイトをしたいです。はじめに、何をしますか。

____

まりさん

②まりさんはどちらのアルバイトをしますか。

A　メイキング　　　B　デリバリー

Ⅲ 図書室で4人の学生が大学を調べています。 04

【👁】 本のページを見てください。

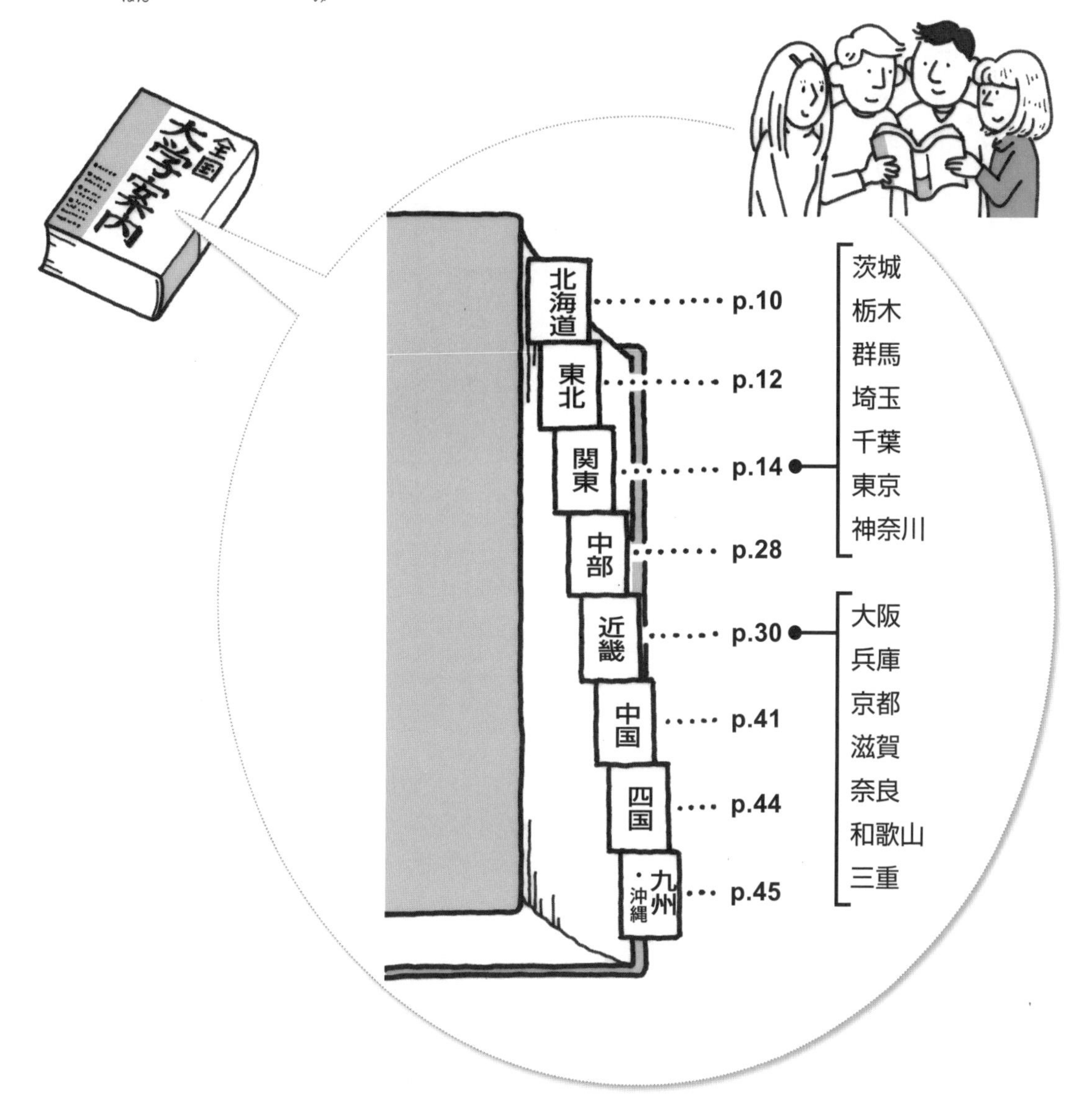

【👂】 4人はどのページを見ますか。聞いて、[ ]に書きましょう。

例） ジョンさん …[p.12]

アリさん ……[ ]

メイさん ……[ ]

リンさん ……[ ]

Ⅳ 手紙を出します。

① 日本人の友達（山田真希さん）に手紙を書きます。どこに書きますか。

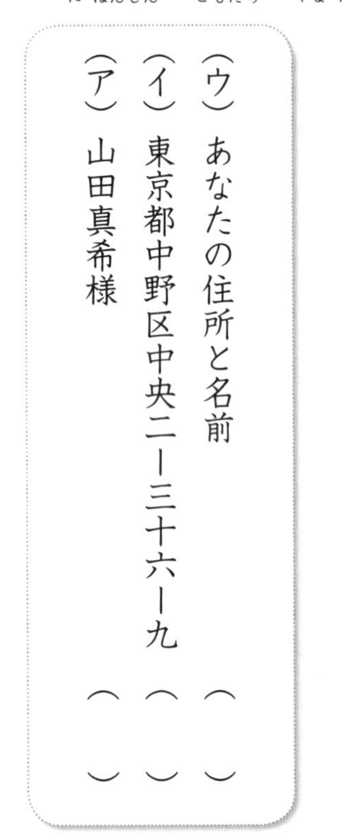

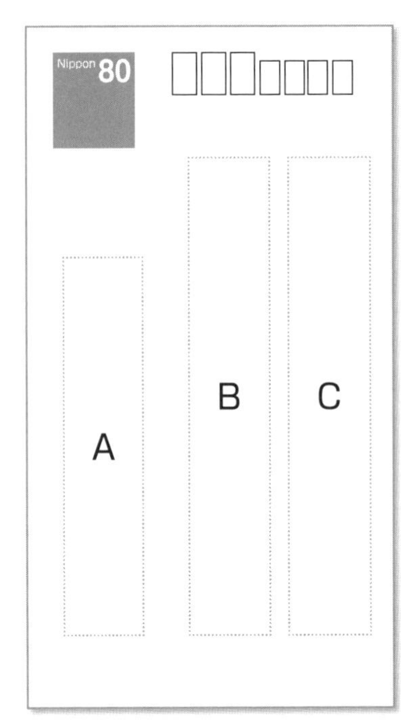

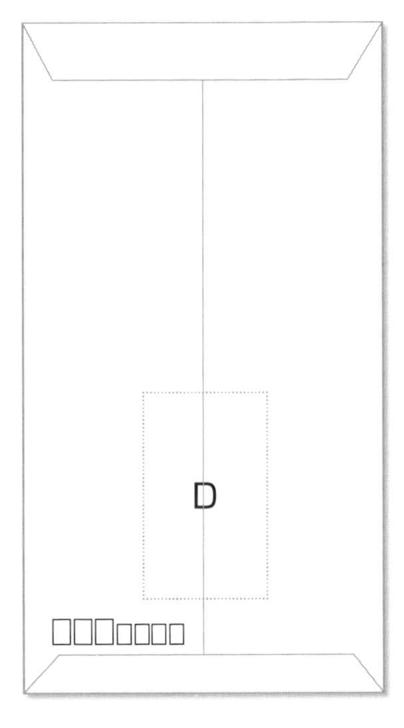

② あなたの友達に手紙を書きましょう。

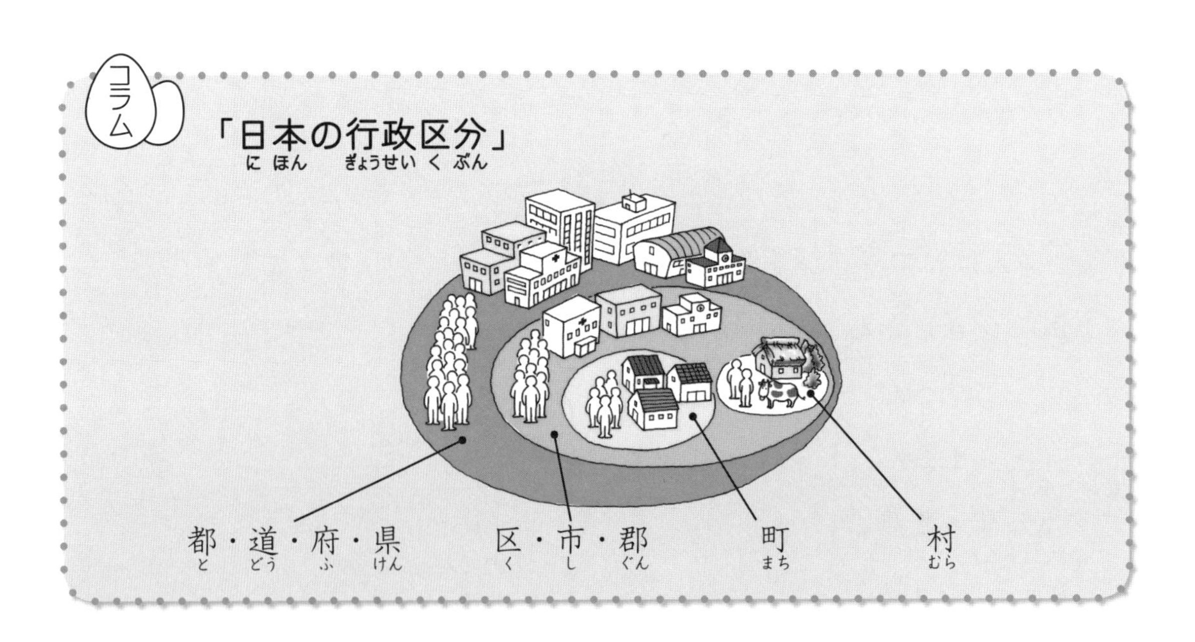

第5課（だいか）

楽しい週末（たのしいしゅうまつ）

クーポンマガジン *BonBon*

お好み焼き【中野エリア】

食べ放題　１２９０円
食＋飲み放題　２４９０円

大阪屋　中野店

場所：中野区中央1-2-3　　℡：03-1212-3456
営業時間：17時～25時　　定休日：月
㊎ 1人1300円～
㊢ 毎週金曜日は午後５時30分からビール10%引！！

パ

ワイン飲み放題（２時間）

45	先	
	読み方	セン　さき
	ことば	先生（せんせい）　先月（せんげつ）　先（さき）
	例文	学校（がっこう）で先生（せんせい）と話（はな）しました。／先月（せんげつ）、日本（にほん）へ来（き）ました。
	書き順	ノ　𠂉　牛　生　先　先
	先	
	memo	

46	週	
	読み方	シュウ
	ことば	先週（せんしゅう）　1週間（しゅうかん）
	例文	先週（せんしゅう）の土曜日（どようび）、どこへ行（い）きましたか。
	書き順	丨　冂　月　円　用　周　周　周　周　凋　週
	週	
	memo	

47	毎	
	読み方	マイ
	ことば	毎日（まいにち）　毎週（まいしゅう）　毎月（まいつき）　毎年（まいとし）
	例文	毎週水曜日（まいしゅうすいようび）はレディースデイです。
	書き順	ノ　𠂉　𠂉　句　毎　毎
	毎	
	memo	

48	午	
	読み方	ゴ
	ことば	午前（ごぜん）　午後（ごご）
	例文	今（いま）、ロンドンは午前（ごぜん）０時（じ）です。
	書き順	ノ　𠂉　二　午
	午	
	memo	

49	後	
	読み方	ゴ　うし-ろ　コウ　あと　おく-れる　のち
	ことば	午後（ごご）　後ろ（うし）　後半（こうはん）　後（あと）
	例文	午後（ごご）から図書館（としょかん）で勉強（べんきょう）します。／駅（えき）はあのビルの後（うし）ろにあります。
	書き順	ノ　ク　彳　彳　徉　徉　後　後　後
	後	
	memo	

ポイント

①どっちがいい？

A 週　B 週

先週

ポイント

②どれがいい？

A 毎人　B 毎曜

C 毎週　D 毎所

ポイント

③どっちがいい？

A 毎　B 毎

毎週

ポイント

④どれがいい？

【ごご】

A 牛後　B 午前

C 後午　D 午後

ポイント

⑤どっちがいい？

A 後しろ　B 後ろ

午後

50 見

読み方	み-える　み-せる　み-る　ケン
ことば	見ます　見せます　見えます　見学
例文	毎日、テレビを見ます。
書き順	丨 冂 冃 月 目 目 見
見	
memo	

見ます

51 食

読み方	ショク　た-べる　ジキ　く-う　く-らう
ことば	食べます　食事　食べ物
例文	今日の夜は何を食べますか。／レストランで食事をします。
書き順	ノ 人 𠆢 今 今 今 食 食 食
食	
memo	

食べます

52 飲

読み方	の-む　イン
ことば	飲みます　飲み物　飲食
例文	毎朝、コーヒーを飲みます。／飲み物を買います。
書き順	ノ 人 𠆢 今 今 今 食 食 飠 飣 飲 飲
飲	
memo	

ポイント
⑥どっちがいい？
A 飲　B 飲

飲みます

53 買

読み方	か-う　バイ
ことば	買います
例文	スーパーでパンを買います。
書き順	丨 冂 罒 罒 罒 罒 買 買 買 買 買 買
買	
memo	

ポイント
⑦どっちがいい？
A 買　B 買

買います

54 物

読み方	もの　ブツ　モツ
ことば	買い物　物　動物　荷物
例文	一緒に買い物に行きませんか。
書き順	ノ 𠂉 牛 牛 牜 牞 物 物
物	
memo	

買い物

55		
行	読(よ)み方(かた)	**コウ　い-く**　アン　ギョウ　おこな-う　ゆ-く
	ことば	**行(い)きます**　旅行(りょこう)　行(おこな)います
	例文(れいぶん)	銀行(ぎんこう)へ行(い)きます。
	書(か)き順(じゅん)	ノ　ク　彳　行　行　行
	行	
	memo	

□きます

56		
休	読(よ)み方(かた)	**やす-む**　キュウ　やす-まる　やす-める
	ことば	**休(やす)みます　休(やす)み**　休日(きゅうじつ)
	例文(れいぶん)	明日(あした)はうちでゆっくり休(やす)みます。／学校(がっこう)を休(やす)みます。
	書(か)き順(じゅん)	ノ　亻　仁　什　休　休
	休	
	memo	

ポイント

⑧どれがいい？

A 休みます

B 休すみます

C 休ます

□みます

読(よ)める

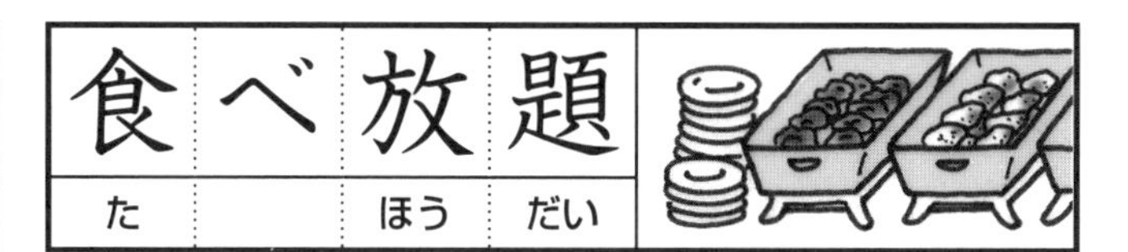

見(み)て、わかる

徒歩

練習1 書いてみよう

Ⅰ □に漢字を1つ書いて、（　　）にひらがなを書いてください。

①（　　　　　　　）　②（　　　　　）

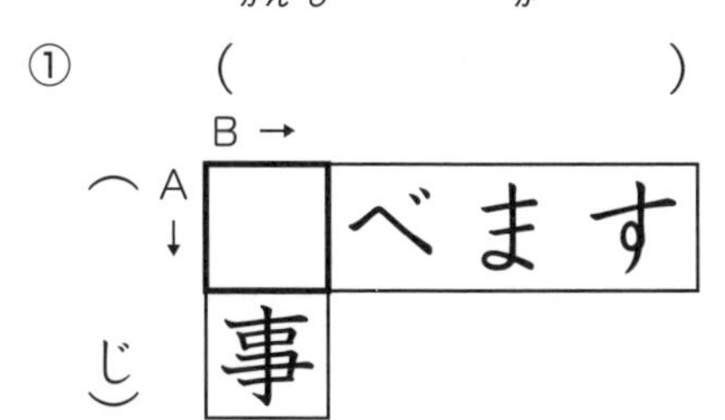

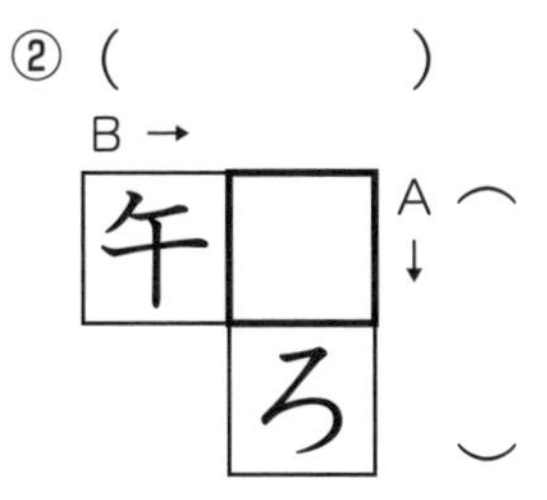

Ⅱ 　　　のパーツを組み合わせて、漢字を作ってください。
（2回使ってもいいです。）

日　夂　冖　ツ　牛　木　子　彳
交　貝　幺　亍　罒　亻　勿

例）木　＋　日　＝　東

______　______　______　______　______　______　______

Ⅲ Ⅱの漢字で文を作ってください。

①きのう____ ____を____みました。

②日曜日の 午 ____、____い____に____きます。

Ⅳ 例のように　　　から漢字を選んで書いてください。

見　食　飲　買　行　休

例）学校へ 行きます 。

①学校を______________。　②時計を______________。

③映画を______________。　④パンを______________。

⑤ジュースを______________。

V ＿＿＿の漢字(かんじ)をひらがなで、ひらがなを漢字(かんじ)で書(か)いてください。

①スーパーへ＿行きます＿。そこで、牛肉と水とパンを＿かいます＿。

②Ａ：＿せんしゅう＿の日曜日に、何をしましたか。

Ｂ：友達(ともだち)と映画(えいが)を＿みました＿。それから、おすしを＿たべました＿。

③＿まいしゅう＿土曜日に友達(ともだち)とお酒(さけ)を＿のみます＿。

日曜日はうちでゆっくり＿休みます＿。

練習2 やってみよう

I　休みの日に買い物に行きます。インターネットで見てみましょう。

① くじ引きはいつすることができますか。

A　月曜日から日曜日まで

B　木曜日から日曜日まで

C　木曜日と日曜日

② くじ引きをします。どんな人がくじ引きをすることができますか。

____

③ くじ引きのプレゼントは何ですか。

____

Ⅱ　次の休みにあなたは友達と食事に行きます。
　　雑誌のクーポン券を見ています。

クーポン券

（ア）

（イ）

【中野】

沖縄料理＆お酒

しまんちゅ

＜ＥＷデパート８Ｆ＞

＊＊＊ **平日限定** ＊＊＊

EWデパートで
5000円以上
お買い物した方

10%引き

※金・土は使えません

（ウ）

【新大久保】

和食ダイニング

UMANO

☆ 火・水・木限定 ☆

午後５時～10時

食べ放題

1980円 ⇒ 1500円！

①（ア）の店のクーポンを使います。何が3000円ですか。

A　お酒とジュース　　B　料理　　C　お酒とジュースと料理

②（イ）の店のクーポンを使います。どの人が使いますか。

A　5000円コース　　B　　C　ワイン5000円

③（ウ）の店でクーポンを使います。何が1500円ですか。

＿＿＿＿＿＿＿＿＿＿＿＿＿＿＿＿

Ⅲ　日曜日にどこかへ遊びに行きたいです。
　　あなたは友達とガイドブックを見ています。 ・・・・・・・・・・・・・・・・ ◎05

【👁】下の「観光ガイド」を見てください。

観光ガイド

A

東西水族館

見どころ……イルカショー

■ 開館時間：午前10時～午後5時
　　　　　（入館は午後4時30分まで）
■ 料金：1300円（税込）
■ 定休日：火曜日・1月1日
■ 行き方：🚃××急行「東西海岸駅」下車　徒歩約8分

B

イーストランド

見どころ……夜のパレード

※ 夜のパークはアフター5パスポートが
　おすすめ！

■「アフター5パスポート」（午後5時～）：3100円（税込）
■ 通常料金（午前10時～）：4800円（税込）
■ 定休日：今月はなし
■ 行き方：🚃東京駅から××線で約15分「イーストランド駅」（南口）

【👂】①2人はどちらへ行きますか。　[　A　・　B　]

②そこへどうやっていきますか。　＿＿＿＿＿＿＿＿

③駅からそこまでどのぐらいですか。　＿＿＿＿＿＿＿＿

④そこで何をみますか。　＿＿＿＿＿＿＿＿

Ⅳ　あなたの学校(がっこう)は２週間(しゅうかん)休(やす)みでした。

休(やす)みの間(あいだ)に、日本人(にほんじん)の友達(ともだち)からメールが来(き)ました。

友達(ともだち)は「休(やす)みに何(なに)をしましたか。」と聞(き)きました。

友達(ともだち)に返事(へんじ)を書(か)きましょう。

こんにちは。げんきですか。

休みに何をしましたか。

私はかぞくとりょこうに行きました。

漢字(かんじ)をたくさん使(つか)って書(か)きましょう。

To

Cc

件名

送信　保存

ヒント：先・毎・週・午・見・食・買・行・休

第6課
だい　か

一緒に！
いっしょ

送信

mail

☐	☆	本田先生	いつ国へ帰りますか	05/15 17:50
☐	☆	イー	来週の飲み会	05/15 10:16
☐	☆	Risa	HELLO!	05/15 03:44
☐	☆	大木はるか	RE:今日どこで会いますか	05/14 23:38
☐	☆	中野図書館	新しい本のおしらせ	05/14 14:25
☐	☆	マリア	メールを読みました	05/14 10:07
☐	☆	金	電話してください！	05/13 19:32

57 今

読み方（よみかた）	コン　いま　キン
ことば	今（いま）　今週（こんしゅう）　今月（こんげつ）　<今日（きょう）>　<今年（ことし）>
例文（れいぶん）	今（いま）、何時（なんじ）ですか。／今週（こんしゅう）の土曜日（どようび）、友達（ともだち）に会（あ）います。
書き順（かきじゅん）	ノ 人 亼 今
今	
memo	

ポイント
①どっちがいい？
A 今　B 今

58 来

読み方（よみかた）	ライ　く-る　きた-す　きた-る
ことば	来（き）ます　来（く）る　来（こ）ない　来週（らいしゅう）　来月（らいげつ）　来年（らいねん）
例文（れいぶん）	来週（らいしゅう）、家族（かぞく）が日本（にほん）へ来（き）ます。／来年（らいねん）、国（くに）へ帰（かえ）ります。
書き順（かきじゅん）	一 ㇀ ㇀ 㐅 平 来 来
来	
memo	

ポイント
②どっちがいい？
A 来　B 来

□ます

59 帰

読み方（よみかた）	かえ-る　キ　かえ-す
ことば	帰（かえ）ります　日帰（ひがえ）り　帰国（きこく）
例文（れいぶん）	毎晩（まいばん）7時（じ）ごろ、うちへ帰（かえ）ります。
書き順（かきじゅん）	丨 刂 刂 刂 刂 刂 帰 帰 帰 帰
帰	
memo	

ポイント
③どっちがいい？
A 帰ります
B 帰えります

□ります

60 会

読み方（よみかた）	カイ　あ-う　エ
ことば	会（あ）います　会社（かいしゃ）　会話（かいわ）　飲（の）み会（かい）
例文（れいぶん）	新宿駅（しんじゅくえき）で6時（じ）に会（あ）いましょう。／イーさんは会話（かいわ）が上手（じょうず）です。
書き順（かきじゅん）	ノ 人 亼 仝 会 会
会	
memo	

ポイント
④どっちがいい？
A 会ます
B 会います

□います

61 社

読み方（よみかた）	シャ　やしろ
ことば	会社（かいしゃ）　社会（しゃかい）
例文（れいぶん）	毎日（まいにち）9時（じ）に会社（かいしゃ）へ行（い）きます。
書き順（かきじゅん）	` ラ ネ ネ ネ 社 社
社	
memo	

ポイント
⑤どっちがいい？
【かいしゃ】
A 会社
B 社会

会社□□

「できる日本語」準拠

漢字たまご 初級 BEGINNER

CD 音声スクリプト・解答

おんせい　かいとう

KANJI TAMAGO

CD音声スクリプト

第2課　買い物

やってみよう　Ⅲ

02

男：どこのスーパーへ行きましょうか。

女：そうですねえ。今日は肉とフルーツを買いますが、どこが安いですか。

男：そうですねえ。牛肉を買いますか。

女：うーん……。

男：牛肉は、ここがいいですよ。

女：そうですか。あ、でも、ちょっと高いです。鶏肉はどうですか。安いですか。

男：はい。安いですよ。ええと、鶏肉はこっちのほうが安いですよ！

女：ああ、いいですね。豚肉は……豚肉も買いたいです。どこがいいですか。

男：アメリカのと日本のがありますけど……。

女：日本のがいいです。

男：じゃあ、こっちのスーパーにしますか。

女：はい、そうですね。肉はここで買いましょう。

第3課　いつ、どこで？

やってみよう　Ⅱ

03

店長：アリさん、今ちょっといいですか。

アリ：はい、店長。

店長：9月まで、アルバイトは水曜日と土曜日でしたね。

アリ：はい。

店長：10月からは月曜日、水曜日、金曜日にできますか。

アリ：すみません、金曜日は大学がありますから。

店長：金曜はだめですか。それじゃ、月、水の3時からはどうですか。

アリ：あ、大丈夫です。

店長：そうですか。わかりました。それから、土曜日は10月からも大丈夫ですか。

アリ：はい。

店長：1時からできますか。

アリ：はい、大丈夫です。

店長：そうですか。じゃ、10月からは月、水の3時からと、土曜は1時からでいいですね。

アリ：はい。

店長：じゃ、よろしく。

第4課　新しい町で

やってみよう　Ⅲ

04

ジョン：あっ、見てください。大学の本がありますよ。私は東北の大学へ行きたいです。何ページかなあ。

アリ　：東北地方はここ、12ページですよ。

ジョン：アリさんは？

アリ　：ええと、私は暖かいところがいいですから、九州へ行きたいです。……あ、このページかな？　メイさんは東京の大学へ行きますか。

メイ　：はい。東京がいいです。

アリ　：じゃ、このページですよ。あ、たくさん大学がありますね。

メイ　：そうですね。どこがいいかなあ。うーん……。あ、リンさんも見ますか。

リン　：はい。私は四国のページが見たいです。四国に兄がいますから、四国で勉強したいです。……あ、このページかな？　私、このページをコピーしたいです。メイさんもしますか。

メイ　：はい。関東のところをコピーしたいです。

アリ　：私も！　じゃ、行きましょう。

第5課　楽しい週末

やってみよう　Ⅲ

05

女：アリさん、今度の日曜日、どこへ行きましょうか。

男：ここはどうですか。

女：え？　どこですか？

男：ここです。これ、見たいです。

女：あ、いいですね。どうやって行きますか。

男：ええと……。行き方は……電車で……。

女：うわあ！　高いですね。

男：そうですか？　夜は安いですよ。

女：でも、ちょっと……時間が遅いです。あ、こっちはどうですか。

男：わあ、おもしろそうですね。あ、でも、日曜日は休みじゃありませんか。

女：いいえ、休みじゃありませんよ。

男：そうですか。じゃあ、ここがいいですね。

女：そうですね。わあ、楽しみです。

第6課　一緒に！

やってみよう　Ⅴ

06

メイ：今井さん、こんにちは。

今井：こんにちは。

メイ：何を見ているんですか。

今井：英語の学校のパンフレットです。

メイ：へえ。今井さん、英語を勉強するんですか。

今井：はい。私はアメリカの会社で働きたいですから、英語を勉強したいんです。

メイ：へえ。そうですか。どんな勉強をしますか。

今井：話すことが難しいですから、たくさん英語を話したいです。

メイ：そうですか。

田中：こんにちは。あ、それは何ですか。

今井：あ、田中さん。英語の学校のパンフレットです。

田中：へえ、英語ですか。今井さんは英語の勉強を始めるんですか。

今井：はい。仕事の英語を勉強します。

田中：そうですか。あ、私も英語の勉強を始めようかなあ。

今井：ええ。一緒に始めましょう。コースがたくさんありますよ。

田中：へえ、私の趣味は音楽ですから、英語の歌をたくさん聞いて、勉強したいです。

今井：そうですか。

第7課　何を食べる？

やってみよう　Ⅱ

07

店員：いらっしゃいませ。

男　：うーん、何を食べようかなあ……。最近、太ってきたから、肉はちょっと……。魚がいいなあ。

女　：野菜もたくさん食べたほうがいいですよ。

男　：野菜かあ……。

女　：私はダイエット中だから、肉も魚も食べません。麺もいいけど……、サンドイッチにします、野菜の。

男　：そう。……じゃあ、ぼくは魚を食べます。

女　：魚のセットですね、ランチの。

男　：はい。……あ、でも、ご飯は半分にします。

女　：じゃ、注文しますね。すみません、お願いします。

店員：はい。

やってみよう　Ⅲ

08

あなた：ご注文をどうぞ。

男　　：あ、ええっと……。飲み物は……。

女　　：お酒は、ここを見て。サワーもあるよ。

男　　：そうだな……。

女　　：私は、まずはビール。それから……、魚が食べたいなあ。

男　　：じゃ、ぼくもビール。それから……ぼくは牛肉がいいなあ。

女　　：じゃ、牛肉の、これと……、それから、サラダは……、じゃ……、これ。

あなた：シーフードのサラダですね。

女　　：はい、それを１つと……。あと、魚料理はどれがおいしいですか？

あなた：魚料理ですか？　あ、スープはどうですか。

男　　：スープ？　お、いいね。じゃ、それ。あと、ご飯は？

女　　：ご飯？　どうしようかな。

男　　：ぼくは大１つ。

女　　：じゃ、私は小さいほうで、お願いします。

あなた：はい、かしこまりました。少々お待ちください。

やってみよう　Ⅳ

09

あなた：はい、ホットホット亭でございます。

客　　：あ、注文、お願いします。

あなた：はい、どうぞ。

客　　：ええと、鶏の、ご飯を２つと……、あと、魚の……。

あなた：あ、鮭弁当ですね。

客　　：はい、それを１つ、ご飯は大盛りで。それから、野菜がたくさん入っているの、ありますか？

あなた：ありますよ。肉といためてありますが、いいですか？

客　　：あ、いいです。じゃあ、それを１つ。ご飯は大盛りにしてください。それから、酢豚も３つ、お願いします。

あなた：酢豚ですね。

客　　：はい。以上で。

あなた：全部で７つですね。

客　　：はい。

あなた：それでは、お名前をお願いします。

客　　：田中です。

あなた：田中様ですね。ありがとうございました。それでは、30分後に………………

第9課　好きなこと

やってみよう　Ⅱ

① ◎ 10

あなた：メイさん、何を買ったの？

メイ　：これ。映画の勉強がしたいから、この本、ほしかったんだ。

② ◎ 11

あなた：サミーさん、サミーさんの本を見てもいい？
……わあ！　難しい～！

サミー：あっ、違うよ！　私の本じゃないよ。私の兄の。車が好きだから、誕生日にプレゼントしようと思って……。

③ ◎ 12

あなた：ヨウさん、何を見ているの？

ヨウ　：ああ、雑誌。日本語と英語を勉強して、海外で働きたいんだ。

やってみよう　Ⅲ

① ◎ 13

あなた：ねえ、メイさん、一緒にカラオケに行かない。

メイ　：……うーん。私はちょっと……。音楽を聞くのは好きだけど……下手だから……。

あなた：そっか……。

② ◎ 14

あなた：あ、メイさん、コンサートがあるよ。一緒に行かない？　メイさん、好きでしょ？

メイ　：うん。でも、英語はよくわからないから……。大丈夫かな……。

あなた：大丈夫だよ！　聞くだけだから！

③ ◎ 15

あなた：リンさん、何を見ているの？

リン　：「校内漢字キング」のポスター。今度これに申し込みたいんだ。

あなた：漢字キング？

リン　：うん。漢字のテストをして誰が一番できるかを決めるんだ。

あなた：へえ。だから、毎日、漢字の勉強を頑張っているんだね。

第10課　待ち合わせ

やってみよう　Ⅱ

◎ 16

けん　：もしもし？

あなた：あ、けんさん、こんにちは。

けん　：今日、よかったら一緒に食事しませんか。

あなた：あ、いいですね。けんさんは今

どこですか？

けん　：今、新宿です。

あなた：え！　私も新宿にいます。

けん　：え？　新宿のどこですか。

あなた：今、駅の中です。

けん　：私は駅の西口です。じゃあ、南口においしいレストランがありますから、南口で会いませんか。

あなた：南口ですね。

けん　：はい。南口の前で待っていてください。

あなた：わかりました。南口のどこで待っていたらいいですか。

けん　：そのレストランは地下鉄の入り口の近くですから……。

あなた：地下鉄の方ですか。わかりました。じゃ、またあとで。

やってみよう　Ⅲ

17

まり：もしもし、アリさん？　今どこ？

アリ：駅の前。まりさんはどこにいる？

まり：スター映画館の前にいるよ。

アリ：え？　スター映画館？　イースト映画館じゃないの？

まり：違うよ。スター映画館だよ。

アリ：ごめん！　間違えちゃった。

まり：そっか。そこから道、わかる？

アリ：わからない。

まり：近くに地図がある？

アリ：ええと、あ、あった。

まり：まず、イースト映画館とホテルの間を小学校の方へ歩いて。

アリ：小学校の方。

まり：うん。まっすぐ行って、小学校のところを左に曲がって。

アリ：小学校のところを左ね。

まり：うん。その道をまっすぐ行くと角に銀行があるから、その角を右に曲がって。

アリ：銀行の角を右。

まり：そう。次の角にスター映画館があるよ。すぐ近くに地下鉄の出口があって、それから、映画館の前にコンビニもあるから。

アリ：わかった。ここからどのくらい？

まり：そこから５分くらいだと思うけど。わからないときは、また電話して。

アリ：うん、じゃ、すぐ行くね。

第11課　何時に、何をする？..

やってみよう　Ⅲ

18

男：ええと、これで全部決まりですね。じゃ、スケジュールのまだ書いていないところを書きましょう。

女：はい。まず、食事の時間を書きましょう。

男：ええと、朝ご飯は8時ですね。で、昼は12時半。それから、晩ご飯は6時半でしたよね。

女：はい。朝が8時、昼ご飯が12時半……で、晩ご飯は6時半ですね。それから、朝、起きるのは……

男：7時でしたね。

女：はい、7時……。夜寝るのは？

男：11時。それから……、朝起きてから、歩いて近くの公園へ行くんでしたね。

女：あ、そうそう。7時30分に、1階のロビーに集まります。
それから、最後に勉強の時間を書いたら、終わりですね。

男：夜の勉強は食事してからでしたね。

女：そうですね。8時からでしたね。

男：はい、8時から……10時まで。

女：他の勉強の時間は……。

男：朝は、朝ご飯を食べてから、3時間ぐらいでしたね。

女：はい、そうです。午後は少し休んでから……。

男：はい、午後の勉強は3時半からですね。

女：そうですね。6時まで。

男：これで全部……。

やってみよう　Ⅳ

19

男1：これで全部書きましたね。あ、ちょっと待ってください。ここにイラストを入れませんか。このままだと、ちょっと寂しいです。

女　：そうですね。じゃあ、チャンさんに書いてもらいましょう。絵が上手ですから。
…………

女　：チャンさん、ここに絵を描いてください。

男2：あ、はい、いいですよ。

第12課　病気のとき

やってみよう　Ⅱ

① 20

女：わあ、このケーキ、おいしい！　あれ？　食べないの？

男：うん、歯が痛くて……

女：え？　早く病院へ行ったほうがいいよ。駅の前に、いい歯医者があるよ。ほら、ここ。

② 21

男：ねえ、病院で聞いたんだけど、よくわからなくて。この紙は何？

女：ああ、これは処方箋だよ。薬の名前が書いてある紙だよ。この薬局へ持って行ったら、薬がもらえるよ。

男：薬局？　わかった。

③ 22

男：ゴホゴホ……。

女：どうしたの？

男：風邪をひいて、熱があるんだ。病院へ行ったほうがいいかな。

女：熱もあるの？　それなら、今日は学校を休んで、病院へ行ったほうがいいよ。あ、このページの病院はどう？

男：この病院？

女：うん。私、行ったことがあるけど、先生がとても優しかったよ。

④ 23

女：どうしたの？

男：耳が痛いんだ。

女：え、大丈夫？　いつから痛いの？

男：昨日から。昨日、プールで泳いでから、痛くなったんだ。病院へ行きたいけど、日本の病院は行ったことがないから……。

女：それなら、この病院は？　今からでも間に合うよ。

第13課　旅行に行こう

やってみよう　Ⅳ

24

まり：ねえねえ、旅行会社でスキーのパンフレットをもらってきたんだけど、みんなで冬休みに行かない？

けん：いいねー。アリさんも行くでしょう？

アリ：行きたいんだけど……、アルバイトが休めるかなあ。泊まりはちょっと……。

まり：日帰りのツアーもあるから、大丈夫だよ！　アルバイトは何時に終わるの？

アリ：夜の10時。

まり：じゃ、アルバイトが終わってすぐ行くのはどう？　バスの中で寝たらいいよ。

アリ：あ、それなら大丈夫そう。

けん：じゃ、みんなで行こう！　あ、夜出発するのは２つあるね。どっちがいいかなあ。

まり：うーん、こっちのほうがいいけど、レンタル代が入っていないから……。レンタルするならこっちのほうが安いよ。

けん：本当だね。でも、出発がちょっと早いけど、アリさん、大丈夫？

アリ：うーん、できたら、ぼくは出発は遅いほうがいいなあ。みんなはどう？

けん：私は遅くても大丈夫だよ。

まり：じゃ、このツアーにしよう。早く申し込んだほうがいいね。

第15課　どんなニュース？……

やってみよう　Ⅳ

①

（1） 25

女：台風、どこに来てる？

男：えっと……

（2） 26

女：あ、亡くなったんだ。

男：え？　あ、あの手術した男の子、死んじゃったの？

（3） 27

女：わあ、今年、今までで一番多かったんだ。

男：ああ、空港、すごく混んでいたからね。

解答

漢字のはじまり

Q1　山：B　川：C　口：A

Q2　①上　②下

漢字のきほん

Q　①A　②B　③A

第1課　どうぞよろしく！

ポイント

①A　②A　③B　④B　⑤A

練習1：書いてみよう

Ⅰ　①私　②学

Ⅱ　はじめまして。私は山田真希です。21才です。学生です。よろしくお願いします。

Ⅲ　①がくせい　②じん，さい

③わたし，がっこう，にほんごがっこう

練習2：やってみよう　（省略）

第2課　買い物

ポイント

①A　②B　③A　④B　⑤B

⑥B　⑦B，B

練習1：書いてみよう

Ⅰ　一→二→三→四→五→六→七→八→九→十

Ⅱ　①産，牛肉　②120

③680，740

Ⅲ　①ぶたにく

②とりにく，ひゃくえん　③一万

練習2：やってみよう

Ⅰ　①43725円　②A

Ⅱ　①118円（/100 g）

②9日（水曜日）

③アメリカ（産）

Ⅲ　Aスーパー

Ⅳ　①B　②10:00～5:00（17:00）

③400円

第3課（だいか） いつ、どこで？..............

ポイント

①B　②B　③A　④A　⑤A

⑥D　⑦B　⑧B

練習（れんしゅう）1：書（か）いてみよう

Ⅰ　日→月→火→水→木→金→土

Ⅱ　①月：Bげつようび

②日：Aなんにち，Bどようび

Ⅲ　①年　②分　③時間

Ⅳ　①月曜日，金曜日

②かよう，もくよう，時，ど，にち

Ⅴ　（省略（しょうりゃく））

練習（れんしゅう）2：やってみよう

Ⅰ　①（2012年）8月18日（土曜日）

②6時45分から

③B

④（バスで）5分

⑤（8月）25日（土曜日）

Ⅱ

10月

2（月）	3:00 〜
3（火）	
4（水）	3:00 〜
5（木）	
6（金）	
7（土）	1:00 〜
8（日）	

Ⅲ　①水曜日　②11:30から

Ⅳ　①21日（水曜日）

②24日（土曜日）

③16日（金曜日）

第４課　新しい町で ....

ポイント

①C　②A　③B　④A　⑤B

練習１：書いてみよう

Ⅰ　①男　②女　③日　④口

Ⅱ　[言葉]（例）

学生，名前，東京，学校，男女

[文]（例）

・私は日本語学校の学生です。

・私のいえは東京です。

・あなたの学校の名前は何ですか。

Ⅲ　①なまえ

②じゅうしょ，東京，区　③し

Ⅳ　（省略）

練習２：やってみよう

Ⅰ　（省略）

Ⅱ　①電話をします。　②A

Ⅲ　アリさん：p.45

メイさん：p.14

リンさん：p.44

Ⅳ　①（ア）B　（イ）C　（ウ）D

②（省略）

第５課　楽しい週末 ....

ポイント

①A　②C　③B　④D　⑤B

⑥B　⑦A　⑧A

練習１：書いてみよう

Ⅰ　①食：Aしょくじ，Bたべます

②後：Aうしろ，Bごご

Ⅱ　（例）学，校，休，後，買，物，行

Ⅲ　①学校，休

②午後，買，物，行

Ⅳ　①休みます

②買います／見ます

③見ます

④食べます／買います

⑤飲みます／買います

Ⅴ　①いきます，買います

②先週，見ました，食べました

③毎週，飲みます，やすみます

練習２：やってみよう

Ⅰ　①B

②2000円（以上）の買い物をした人

③5000円の食事チケット

Ⅱ　①C　②B　③料理（食べ物）

Ⅲ　①A　②電車（と徒歩）

③(歩いて)８分　　④イルカショー

Ⅳ　(例)

・先週、ともだちとえいがを見に行って、買い物をしました。

・休みの間、毎日ともだちとおさけを飲みました。

第6課　一緒に！

ポイント

①B　②B　③A　④B　⑤A

⑥C　⑦B　⑧A

練習1：書いてみよう

Ⅰ　①話：Aでんわ，Bはなします

②書：Aじしょ，Bかきます

③来：Aらいしゅう，Bきます

④会：Aかいしゃ，Bあいます

Ⅱ　国，帰，会

Ⅲ　会，国，帰

Ⅳ　①聞きます　②帰ります

③会います　④書きます

⑤読みます　⑥来ます

Ⅴ　①ことし，来ました

②先生，会います

③らいねん，かえりたいです

④としょかん，しんぶん，よみます

練習2：やってみよう

Ⅰ　①2階　②4階

Ⅱ　①c

②（ア）e　（イ）b　（ウ）i

Ⅲ　①30000円　②A

Ⅳ　①7：13 →→→→ 9：33

19：50 ←←←← 17：30

② (例)

・食事がつきます。

・プラス2000円で飲みほうだいにできます。

・買い物が3000円やすくなります。

・ホテルでワインをもらうことができます。

V ①C ②F

VI (例)

まりさん、メールありがとう！

私もぜひ、行きたいです。来週の月曜日はどうですか。私はかばんを買いたいです。まりさんは何を買いますか。

漢字のパーツ

I ①日，寺 ②言，五，口

③罒，貝 ④田，力 ⑤門，日

II ①語 ②買 ③時間 ④読

III (例)

①語，何，京，名，話

②休，校 ③先，見

ポイント

①A ②A

第7課 何を食べる？

ポイント

①A ②B ③B ④A ⑤A

⑥B

練習1：書いてみよう

I ①大：Aだいがく，Bおおきい

②小：Aしょうがっこう，

Bちいさい

II ①さかな ②やさい ③ごはん

④にく ⑤どん

III ①肉，おさけ ②料理，ごはん

③大きい，はんぶん

④大学生，時間半

練習2：やってみよう

I ①**まり**：B **アリ**：A

今井：C

② 610円

(B焼き魚定食480円＋コーヒー130円<260円の半額>＝610円)

II ①BとL

②**女の人**：600円

男の人：700円 (800円－100円)

III 16，2，12，5，13，14

IV 鶏ご飯 (2)，鮭弁当 (1／大)，肉野菜炒め (1／大)，酢豚 (3)

第8課　家族のこと

ポイント

①A　②A　③B　④B　⑤B

⑥A　⑦B　⑧A　⑨B　⑩A

練習1：書いてみよう

Ⅰ　①家：Aかぞく，Bいえ

②兄：Aきょうだい，Bあに

③高：Aこうこう，Bたか（い）

Ⅱ　①B　②C

Ⅲ　（例）

母―父

兄　○　弟

Ⅳ　（省略）

練習2：やってみよう

Ⅰ　C

Ⅱ　①高い　②短い　③妹

④小さい

Ⅲ　（省略）

第9課　好きなこと

ポイント

①B　②B　③A　④C　⑤A

⑥A　⑦B　⑧C

練習1：書いてみよう

Ⅰ　①楽：Aおんがく，Bたのしい

②海：Aかいがい，Bうみ

Ⅱ　①旅，族　②歌，飲　③書，音

Ⅲ　（例）

・私の好きなことは音楽を聞くことです。

・私のしゅみは映画を見ることです。

練習2：やってみよう

Ⅰ　①4階の音楽（楽譜）コーナー

②5階の旅行ガイドコーナー

③4階の映画コーナー

Ⅱ　①C　②D　③A

Ⅲ　①C　②B　③D

Ⅳ　①料理（をすること／すること）

②（省略）

コラム

①帰国　②来日　③書店

楽しく覚えよう２

Q１　①（例）言うこと，ことば　など

②（例）水のみち（道），すいどう　など

Q２　①てちょう

②せんたく

楽しく覚えよう３

Q　（例）女の人は子どもが好きです。

イラストにしてみよう！

（例）

東

見

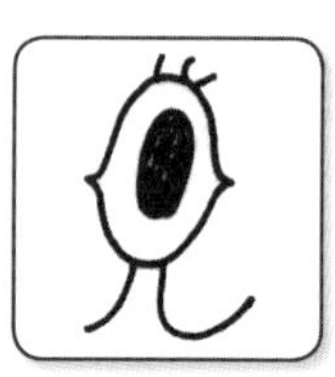

魚

父

楽

第１０課　待ち合わせ

ポイント

①B　②A　③A　④A　⑤C

練習１：書いてみよう

Ⅰ　①図：Aちず，Bとしょかん

②下：Aちかてつ，Bした

Ⅱ　①下，した　②上，うえ

③右，みぎ　④駅，えき

⑤館，かん

Ⅲ　①えき，ぎんこう　②図書館

③ちかてつ　④道

練習２：やってみよう

Ⅰ　①E　②C　③H

Ⅱ　①（ア）　②（イ）

Ⅲ　①C　②A，B

Ⅳ　（例）

駅の西口からでてください。コンビニのかどを左にまがって、その道をまっすぐ行きます。デパートのかどを右にまがってすぐ左にまがります。図書館は映画館の前にあります／図書館はやおやとこうえんの間にあります。

第１１課　何時に、何をする？..

ポイント

①A　②A　③A　④B　⑤B
⑥B　⑦B　⑧A

練習１：書いてみよう

Ⅰ　①歩：Aあるきます，Bさんぽ
　　②強：Aつよい，Bべんきょう

Ⅱ　①起きます
　　②歩きます，乗ります
　　③始まります，勉強します
　　④終わります

Ⅲ　①昼休み，始まります
　　②毎朝，じてんしゃ
　　③ねる，べんきょう
　　④こんや，終わって

練習２：やってみよう

Ⅰ　①東京ビルの前
　　②１２時から
　　③（午前）２時
　　④４時間

Ⅱ　④の昼の部

Ⅲ

＜時間＞	＜予定＞
7：00	起床
7：30	散歩
8：00	朝食
9：00～12：00	勉強
12：30	昼食
1：30～	自由時間
3：30～　6：00	勉強
6：30	夕食／入浴
8：00～10：00	勉強
10：00～	自由時間
11：00	就寝

Ⅳ　B

Ⅴ　（例）
・休みの日に一人でインターネットをする人がいちばん多いです。
・次は、一人で料理やそうじをしたり、音楽を聞いたりする人が多いです。
・買い物は一人でする人も家族とする人も多いです。
・外食は一人より家族と行く人が多いです。

Ⅵ　（省略）

第12課　病気のとき

ポイント

①B　②A　③B　④B　⑤A
⑥B

練習1：書いてみよう

Ⅰ　①イ ＋ 本 ＝ 体
②止 ＋ 米 ＋ 凵 ＝歯
③花 － 化 ＋ 楽 ＝ 薬

Ⅱ　①目　②歯　③口　④体

Ⅲ　①耳　②目　③口

Ⅳ　①体　②みみ／びょうき
③うけつけ　④は　⑤病院

練習2：やってみよう

Ⅰ　①B　②A　③D　④F
⑤C

Ⅱ　①F　②G　③B　④D

Ⅲ　①（ア）1階　（イ）2階
②（ア）4階　（イ）3階

Ⅳ　①（ア）A　（イ）B
②10時

コラム

①口　②耳　③目

第13課　旅行に行こう

ポイント

①B　②A　③B　④B　⑤A
⑥B　⑦A

練習1：書いてみよう

Ⅰ　①日（A春・B早）
②夂（A夏・B冬）
③禾（A秋・B私）
④糸（A約・B終）

Ⅱ　①C　②C

Ⅲ　①よやく　②世界
③ゆうしょく　④かんこう
⑤しゅっぱつ　⑥春

Ⅳ　（省略）

練習2：やってみよう

Ⅰ　B

Ⅱ　①C　②A

Ⅲ　①A　②F　③I　④C

Ⅳ　B

Ⅴ　①9月～11月
②いろいろなところを見ます
③はい　④予約の後で
⑤10日ごろ

第(だい)14課(か)　気(き)をつけて！ …………

ポイント

①B　②A　③B　④A　⑤A

⑥B，A　⑦B　⑧B　⑨A

⑩A

練習(れんしゅう)1：書(か)いてみよう

Ⅰ　①出：**A**しゅっぱつ，**B**でぐち

②使：**A**しよう，**B**つかいます

③止：**A**きんし，**B**とまります

Ⅱ　①使　②持　③注意

Ⅲ　①入って　②持って　③おりる

④新しい　⑤ちゅうい　⑥古い

練習(れんしゅう)2：やってみよう

Ⅰ　①A

②（例(れい)）

- けいたいでんわを使うこと
- タバコをすうこと
- (バスがうごいているときに／バスが止まる前に) 立ち上がること

Ⅱ　①A　②1

③（例(れい)）ナイフ、ビン、ペットボトルなどを持って入ってはいけません。

Ⅲ

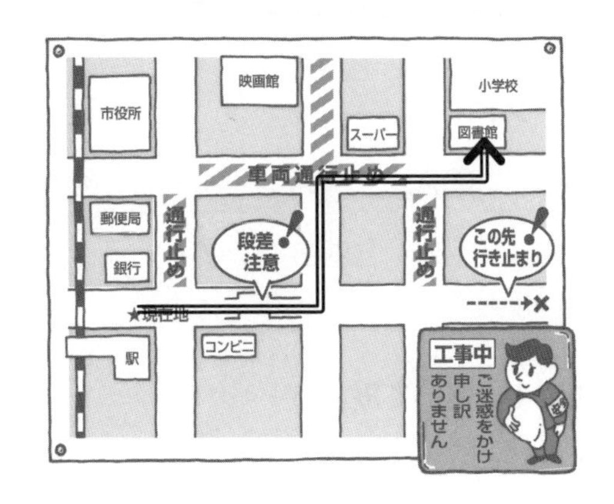

Ⅳ　①（ア）B　（イ）J

②いちばん新しいDVD

③いいえ

第15課　どんなニュース？……

ポイント

①A　②A　③A　④B　⑤A

⑥A　⑦A　⑧B　⑨A

練習1：書いてみよう

Ⅰ　①風：Aたいふう，Bかぜ

　②通：Aこうつう，Bかよいます

Ⅱ　①B　②C

Ⅲ　①天気，雨　②きおん，度

　③交通　④台風

　⑤死にました

練習2：やってみよう

Ⅰ　①台風

　②B　③C　④A

　⑤ 10.9度

Ⅱ　①A　②C　③B

Ⅲ　①C　②D　③B

Ⅳ　①（1）E　（2）C　（3）A

　②（1）D　（2）A

Ⅴ　（省略）

もう少しやってみよう①…………

Ⅰ-1　①東　②間

　③前，おとこのひと

　④おんなのこ

　⑤まいにち，自分

　⑥さんねんかん，がいこく

　⑦ことし　⑧何曜日，ごぜん

　⑨よにん

Ⅰ-2　①水，みず　②土，つち

　③金，かね　④火，ひ

　⑤月，つき　⑥木，き

Ⅱ-1　①ゆうめい　②わけましょう

　③わかりますか

　④まにあいませんでした

　⑤まなんで　⑥いきたい

　⑦だんせい，じょせい

　⑧なま　⑨いちば

Ⅱ-2　しりつ，うまれました，とき，

　きゅうじつ

もう少しやってみよう②

Ⅰ ①今，午前　②話します

③はん，きました

④今日，しょくじ

⑤たなか，ちから

⑥今年，帰ります　⑦先生，話

⑧毎月，飲み物

⑨せんもんがっこう

⑩りょこう，りょうきん

⑪こない　⑫言います

Ⅱ ①きこく　②どくしょ

③げんご　④いんしょく

⑤おこないます　⑥さき

⑦あと　⑧にもつ，たいへん

⑨こうはん　⑩ながのけん

⑪けんがく

もう少しやってみよう③

Ⅰ ①でんしゃ，音　②こんや，強い

③こうこうせい

④家，みち　⑤けさ

⑥楽しかったです　⑦ほどう

⑧外　⑨歌いましょう　⑩社長

⑪水道

Ⅱ ①よなか　②やちん，あがる

③くだり　④らく　⑤うわぎ

⑥さゆう　⑦さがります

⑧ちょうしょく，ちゅうしょく

⑨ひとりたび，けいかく

⑩のぼり　⑪じょうげ

もう少(すこ)しやってみよう④…………

Ⅰ　①新しい　②入る，体

③とおる　④ちゅうし

⑤目

⑥きもち，やっきょく，くすり

⑦びょうき，せわ　⑧いれます

⑨ゆうがた，きおん，ひくい

⑩こんど，せかいじゅう

⑪たいしかん

⑫にゅうがく，出します

⑬古い，中　⑭ひかって

⑮いけん，たって　⑯だい

Ⅱ　①じんこう　②こくりつ

③そうちょう　④うてん

62 聞

読み方(よみかた)	ブン　き-く　き-こえる　モン
ことば	聞(き)きます　新聞(しんぶん)　聞(き)こえます
例文(れいぶん)	音楽(おんがく)を聞(き)きます。／新聞(しんぶん)を買(か)います。
書き順(かきじゅん)	
聞	
memo	

ポイント

⑥どれがいい？

【きききます】

A 間　B 問
C 聞　D 開

□ きます

63 読

読み方(よみかた)	よ-む　トウ　トク　ドク
ことば	読(よ)みます　読書(どくしょ)
例文(れいぶん)	本(ほん)を読(よ)みます。
書き順(かきじゅん)	
読	
memo	

□ みます

64 書

読み方(よみかた)	ショ　か-く
ことば	書(か)きます　辞書(じしょ)　図書館(としょかん)
例文(れいぶん)	ここに名前(なまえ)を書(か)いてください。／図書館(としょかん)で本(ほん)を借(か)ります。
書き順(かきじゅん)	
書	
memo	

□ きます

65 話

読み方(よみかた)	ワ　はな-す　はなし
ことば	話(はな)します　話(はなし)　電話(でんわ)
例文(れいぶん)	電話(でんわ)で家族(かぞく)と話(はな)します。
書き順(かきじゅん)	
話	
memo	

ポイント

⑦どれがいい？

【はなします】

A 読　B 話
C 語　D 続

□ します

読める

図書館
としょかん

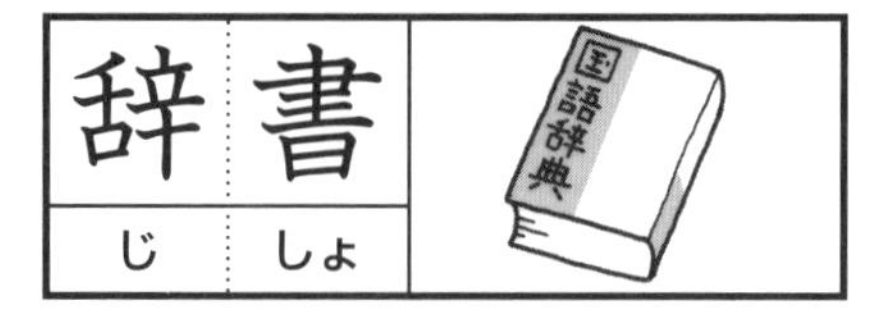

ポイント

⑧どっちがいい？

【図書館】

A としょかん

B としょうかん

見て、わかる

練習1 書いてみよう

Ⅰ □に漢字を1つ書いて、(　　)にひらがなを書いてください。

① 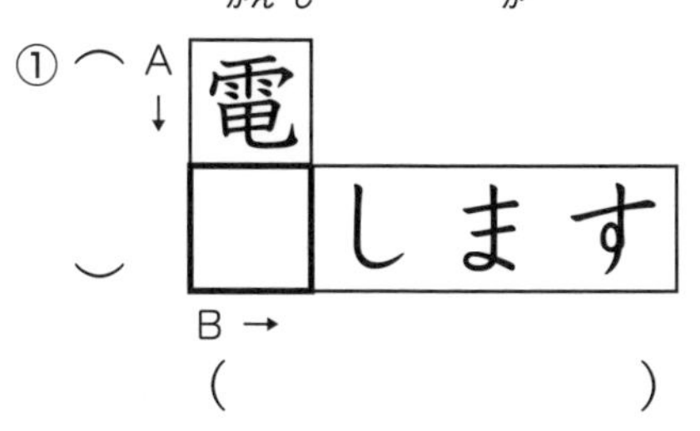

② 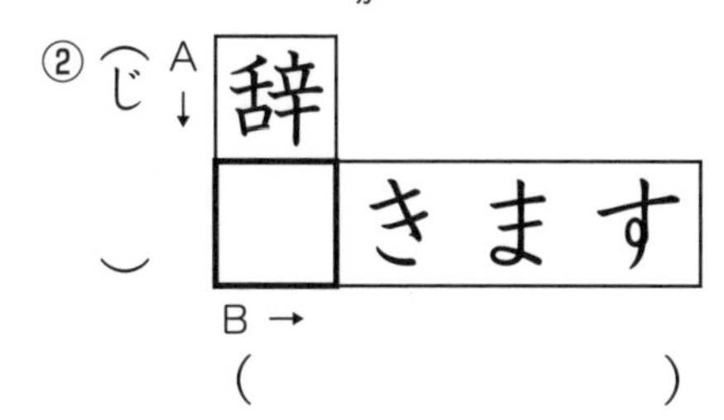

③ 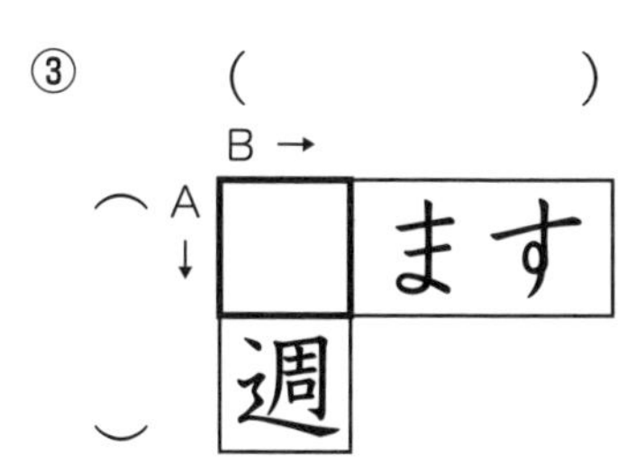

④ 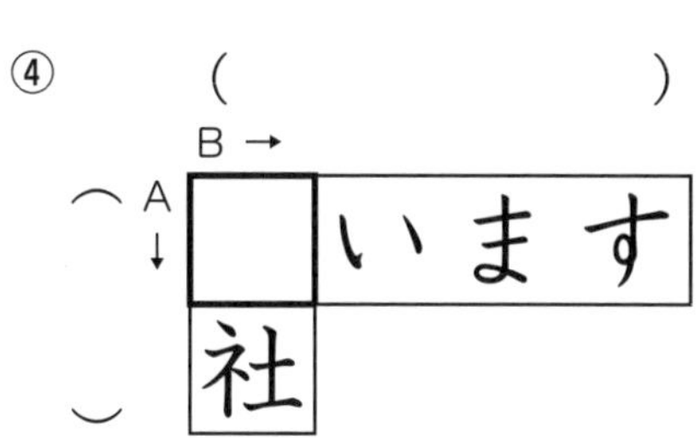

Ⅱ のパーツを組み合わせて、漢字を作ってください。

一　巾　二　玉　口　刂　ヨ　ム　人

______　______　______

Ⅲ Ⅱの漢字で文を作ってください。

家族に____いたいですから、____へ____ります。

Ⅳ　例(れい)のように［　　］から漢字(かんじ)を選(えら)んで書(か)いてください。

話　帰　会　聞　読　来　書

例(れい)）日本語を＿話します＿。

①音楽(おんがく)を＿＿＿＿＿＿＿＿＿＿。

②うちへ＿＿＿＿＿＿＿＿＿＿。

③友達(ともだち)に＿＿＿＿＿＿＿＿＿＿。

④テストに名前を＿＿＿＿＿＿＿＿＿＿。

⑤本を＿＿＿＿＿＿＿＿＿＿。

⑥来月、国の両親(りょうしん)が日本へ＿＿＿＿＿＿＿＿＿＿。

Ⅴ　＿＿＿の漢字(かんじ)をひらがなで、ひらがなを漢字(かんじ)で書(か)いてください。

①＿今年＿の４月に日本へ＿きました＿。

②学校で＿せんせい＿に＿あいます＿。

③＿来年＿、国へ＿帰りたいです＿。

④＿図書館＿で＿新聞＿を＿読みます＿。

練習(れんしゅう)2 やってみよう

Ⅰ ここはあなたの町(まち)のコミュニティーセンターです。

右(みぎ)のフロアガイドを見(み)ています。

① 日本人(にほんじん)とはなす練習(れんしゅう)をしたいです。

何階(なんかい)へ行(い)きますか。

______階(かい)

② 本(ほん)を読(よ)みたいです。何階(なんかい)へ行(い)きますか。

______階(かい)

<フロアガイド>

5階	料理教室
4階	図書館
3階	日本文化センター（日本舞踊・お茶など）
2階	国際交流センター（日本語会話ボランティア）
1階	区民センター

Ⅱ 図書館(としょかん)にいます。下(した)の案内図(あんないず)を見(み)ています。

① カードを作(つく)りたいです。

どこへ行(い)きますか。

（　　　）

② （ア）～（ウ）はどこにありますか。

(ア) （　　　）

(イ) （　　　）

(ウ) （　　　）

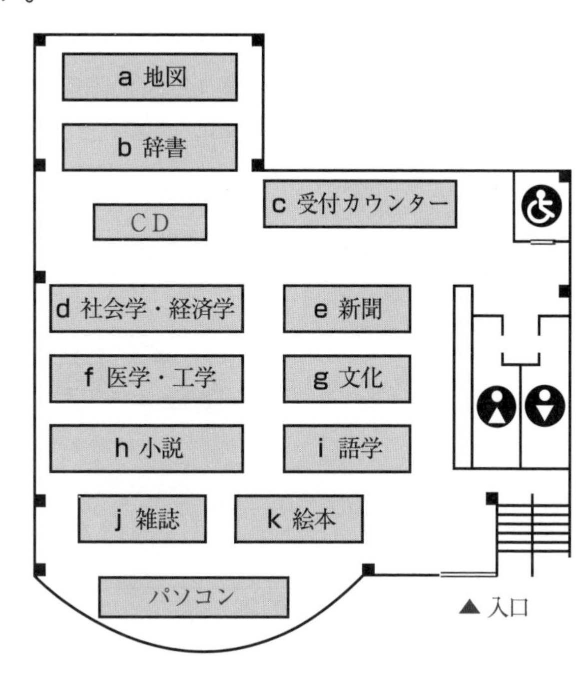

Ⅲ　今度の休みの日に、友達と一緒に旅行に行きます。

お花見ツアーのお知らせ

A	**日帰りバスツアー**	平日8,800円　土日祝9,800円
B	**京都2泊3日**	35,000円（※日・月は5,000円引き）
C	**東日本1週間**	58,000円

☎ お電話ください！　ニコニコ旅行会社（0120-×××-2525）

① Bのツアーに行きたいです。月曜日に行きます。いくらですか。

____

② 休みは1日だけです。どのツアーに行きますか。

（　　　）

Ⅳ　ⅢのBのツアーに決めました。これはBのツアーのパンフレットです。

京都2泊3日　＜京都お花見ツアー＞

【集合】6時45分

【行きの電車】東京駅　7時13分

【帰りの電車】京都駅 17時30分

＊京都ホテルで食事、プラス2,000円で飲み放題

＊買い物割引券（3,000円引き）

＊ホテルでワイン1本サービス

① 東京駅から京都駅まで、新幹線で2時間20分です。時間を書いてください。

（　　：　　）→（　　：　　）

東京　　　京都

（　　：　　）←（　　：　　）

② このツアーには、どんなサービスがありますか。

・______________

・______________

Ⅴ　ここに英語(えいご)の学校(がっこう)のパンフレットがあります。
あなたは田中(たなか)さんと今井(いまい)さんと話(はな)しています。 ◎06

【👁】 下(した)のパンフレットを見(み)てください。

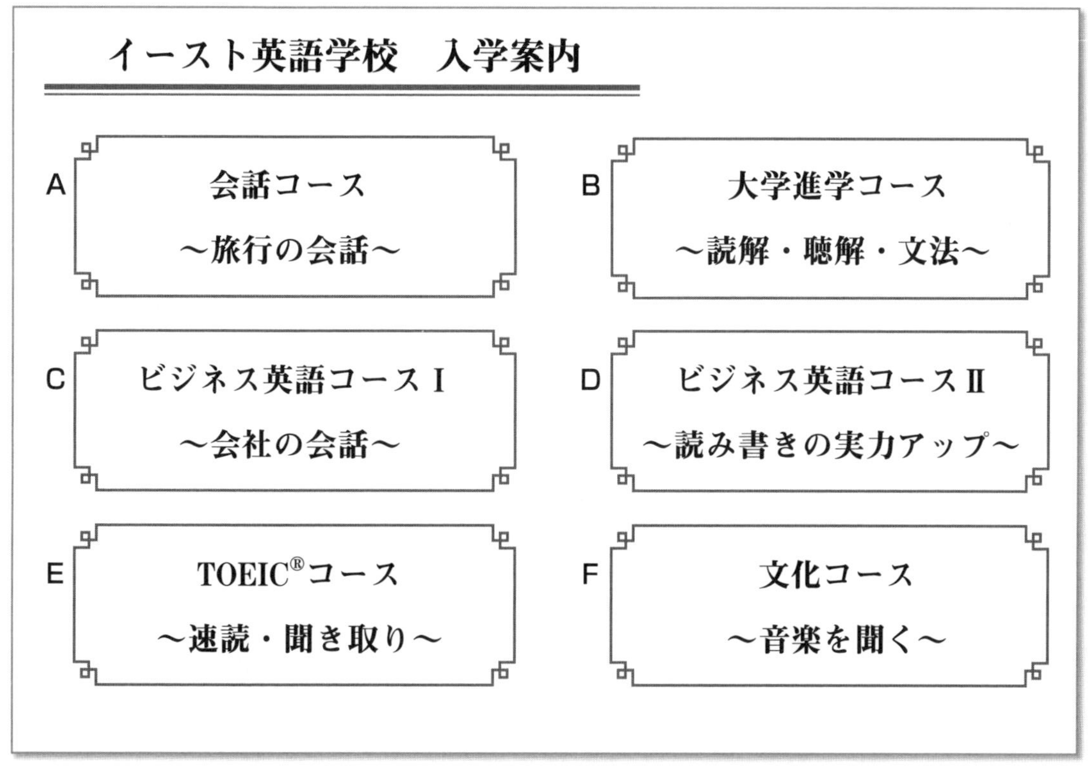

イースト英語学校　入学案内

A　会話コース　～旅行の会話～

B　大学進学コース　～読解・聴解・文法～

C　ビジネス英語コースⅠ　～会社の会話～

D　ビジネス英語コースⅡ　～読み書きの実力アップ～

E　TOEIC®コース　～速読・聞き取り～

F　文化コース　～音楽を聞く～

【👂】 ①今井(いまい)さんはどのコースにしますか。　（　　　）

【👂】 ②田中(たなか)さんはどのコースにしますか。　（　　　）

Ⅵ 友達(ともだち)のまりさんからメールが来(き)ました。

【👁】 まりさんからのメールを見(み)てください。

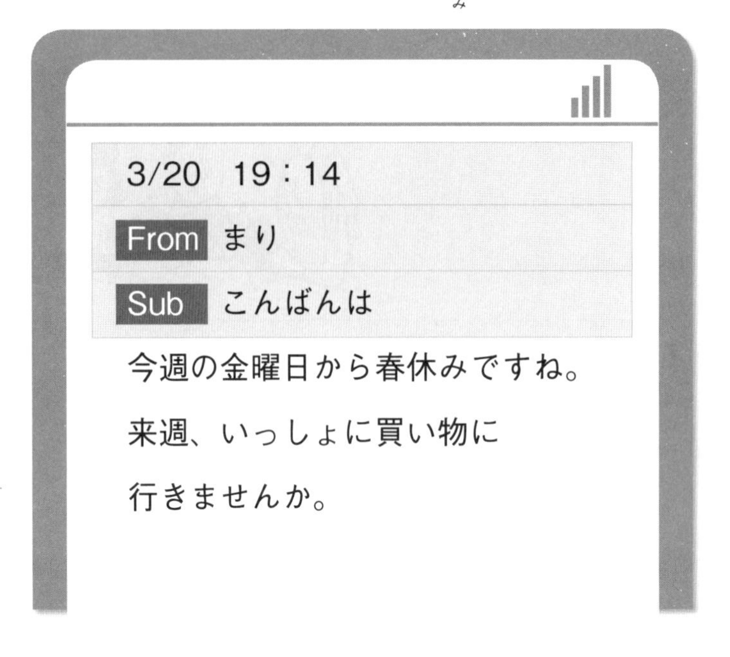
3/20 19：14

From まり

Sub こんばんは

今週の金曜日から春休みですね。

来週、いっしょに買い物に

行きませんか。

まりさんと買(か)い物(もの)に行(い)きたいです。

まりさんにメールを書(か)いてください。

3/20 20：08

From

Sub Re；こんばんは

まりさん

メールありがとう！

楽しく覚えよう１
―意味がかくれている漢字―

●基本のパーツを覚えると、漢字が覚えやすい！

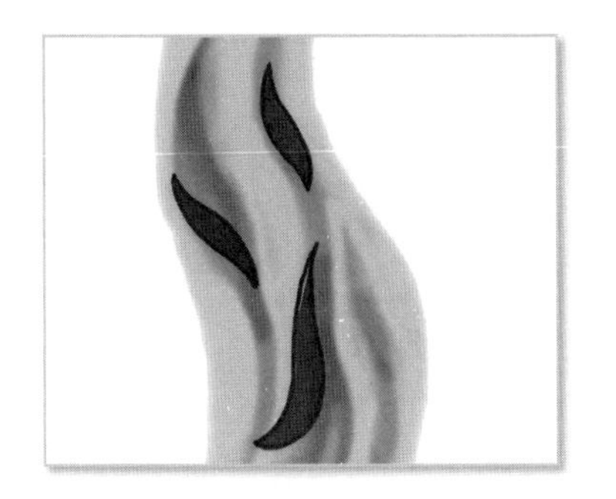

[→第２課]

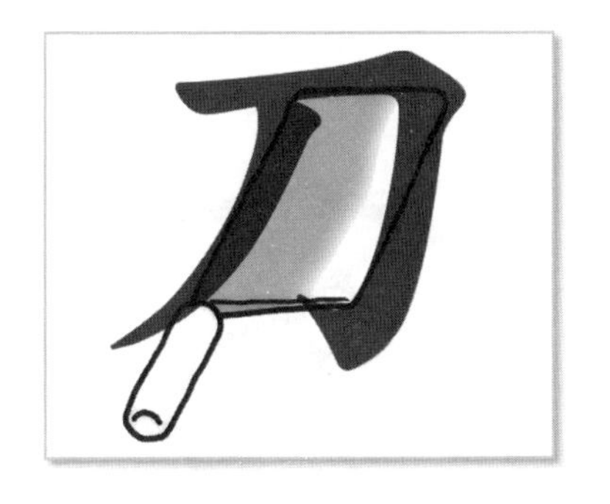

分

[→第３課]

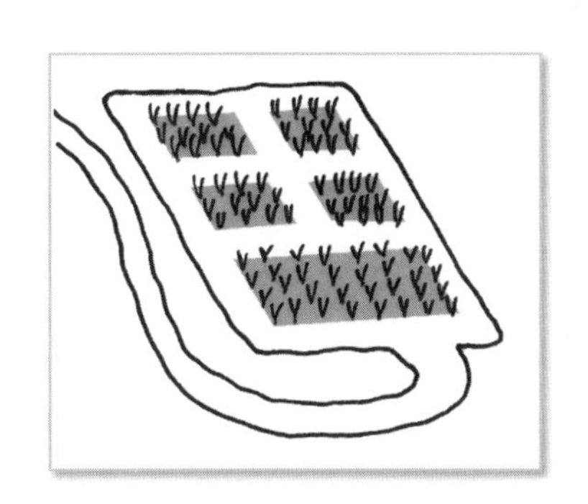

[→第５課]

[→第5課]

[→第5課]

[→第8課]

漢字(かんじ)のパーツ

Ⅰ　漢字(かんじ)をパーツに分(わ)けてください。

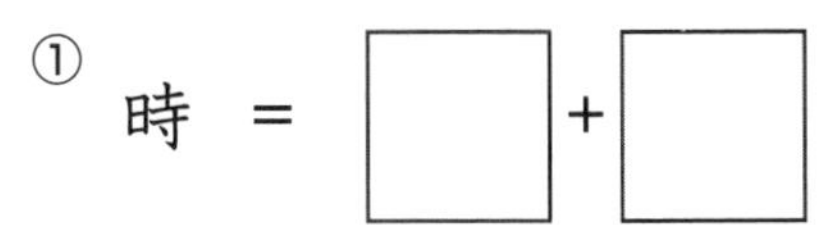

① 時 ＝ □ ＋ □

② 語 ＝ □ ＋ □ ＋ □

③ 買 ＝ □ ＋ □

④ 男 ＝ □ ＋ □

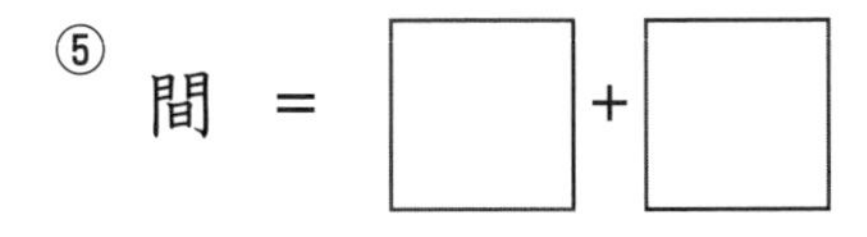

⑤ 間 ＝ □ ＋ □

Ⅱ　□にパーツを書(か)いて、漢字(かんじ)を作(つく)ってください。

① 毎日、日本 [吾] を勉強(べんきょう)します。

② 私は [罒] い物が好(す)きです。

③ [日] [日] がありません。

④ 私は [売] 書が好(す)きです。

Ⅲ　同(おな)じパーツがある漢字(かんじ)を書(か)いてください。

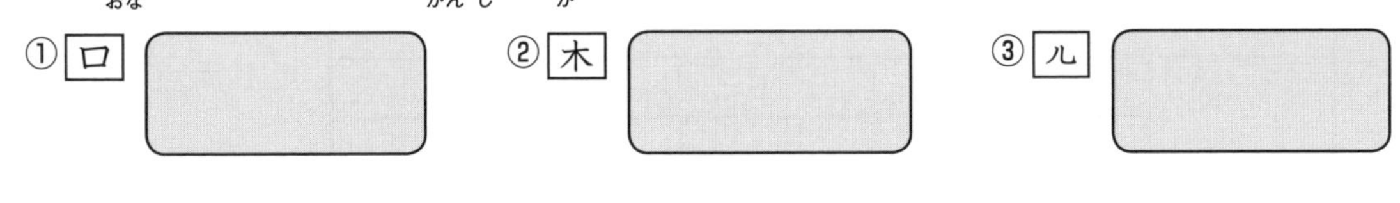

①[口]　②[木]　③[儿]

66

寺	読み方(よみかた)	ジ　てら
	ことば	お寺(てら)　～寺(じ)
	例文(れいぶん)	東大寺(とうだいじ)はとても古(ふる)いお寺(てら)です。
	書き順(かきじゅん)	一　十　土　土　寺　寺
	寺	
	memo	

67 言

読み方(よみかた)	**い-う** こと ゲン ゴン
ことば	**言(い)います** 言葉(ことば)
例文(れいぶん)	もう一度(いちど)言(い)ってください。／新(あたら)しい言葉(ことば)を勉強(べんきょう)します。
書き順(かきじゅん)	丶 亠 亠 亖 言 言 言
言	
memo	

68 貝

読み方(よみかた)	**かい**
ことば	**貝(かい)**
例文(れいぶん)	海(うみ)で貝(かい)を拾(ひろ)いました。
書き順(かきじゅん)	丨 冂 月 月 目 貝 貝
貝	
memo	

69 田

読み方(よみかた)	**た** デン
ことば	**田(た)んぼ** 田中(たなか)さん 山田(やまだ)さん
例文(れいぶん)	お米(こめ)は田(た)んぼで作(つく)ります。
書き順(かきじゅん)	丨 冂 冊 用 田
田	
memo	

70 力

読み方(よみかた)	**ちから** リキ リョク
ことば	**力(ちから)**
例文(れいぶん)	彼(かれ)は力(ちから)があります。
書き順(かきじゅん)	フ 力
力	
memo	

71 門

読み方(よみかた)	**モン** かど
ことば	**門(もん)** 専門学校(せんもんがっこう)
例文(れいぶん)	大学(だいがく)の門(もん)の前(まえ)で写真(しゃしん)を撮(と)りました。／専門学校(せんもんがっこう)に入(はい)りたいです。
書き順(かきじゅん)	丨 ｢ 戸 戸 門 門 門 門
門	
memo	

ポイント

①どっちがいい？

A 言　B 言

	い	ま	す

ポイント

②どっちがいい？

【かい】

A 貝　B 見

第7課（だいか）

何（なに）を食（た）べる？

毎日の料理

72 肉

読み方(よみかた)	ニク
ことば	肉(にく) 牛肉(ぎゅうにく) 豚肉(ぶたにく) 鶏肉(とりにく)
例文(れいぶん)	スーパーで牛肉(ぎゅうにく)を買(か)いました。
書き順(かきじゅん)	丨 冂 內 内 肉 肉
肉	
memo	

ポイント
①どっちがいい？
A 肉　B 肉

73 料

読み方(よみかた)	リョウ
ことば	料理(りょうり) 料金(りょうきん)
例文(れいぶん)	毎日(まいにち)、料理(りょうり)をします。
書き順(かきじゅん)	丶 丷 䒑 半 米 米 米 米 料 料
料	
memo	

ポイント
②どっちがいい？
A 料　B 料

74 理

読み方(よみかた)	リ
ことば	料理(りょうり)
例文(れいぶん)	私(わたし)はイタリア料理(りょうり)が好(す)きです。
書き順(かきじゅん)	一 丅 干 王 玎 玎 玾 玾 理 理 理
理	
memo	

ポイント
③どっちがいい？
【料理】
A りょり
B りょうり

料理

75 野

読み方(よみかた)	ヤ　の
ことば	野菜(やさい) 長野(ながの)
例文(れいぶん)	毎日(まいにち)、野菜(やさい)ジュースを飲(の)みます。
書き順(かきじゅん)	丨 冂 日 日 甲 甲 里 野 野 野 野
野	
memo	

ポイント
④どっちがいい？
A 野　B 野

野菜　菜

76 半

読み方(よみかた)	ハン　なか-ば
ことば	1時半(じはん) 半分(はんぶん) 半額(はんがく)
例文(れいぶん)	毎日(まいにち)、7時半(じはん)に起(お)きます。／りんごを半分(はんぶん)に切(き)ります。
書き順(かきじゅん)	丶 丷 䒑 䒑 半
半	
memo	

ポイント
⑤どっちがいい？
A 半　B 半

半分

77	大		
		読み方（よみかた）	ダイ　おお-きい　タイ　おお　おお-いに
		ことば	大学（だいがく）　大きい（おお）　＜大人（おとな）＞　大丈夫（だいじょうぶ）　大切（たいせつ）　大変（たいへん）
		例文（れいぶん）	大学（だいがく）で働（はたら）いています。／大（おお）きいリンゴを買（か）いました。
		書き順（かきじゅん）	一　ナ　大
		大	
		memo	

大きい

78	小		
		読み方（よみかた）	ショウ　ちい-さい　お　こ
		ことば	小学校（しょうがっこう）　小さい（ちい）　小鳥（ことり）
		例文（れいぶん）	小学校（しょうがっこう）の前（まえ）に、公園（こうえん）があります。／小（ちい）さいパンを3つ買（か）いました。
		書き順（かきじゅん）	亅　小　小
		小	
		memo	

ポイント

⑥どれがいい？

A 小いさい

B 小さい

C 小い

小さい

読（よ）める

魚（さかな）

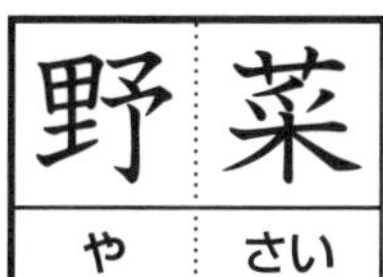

野菜（やさい）

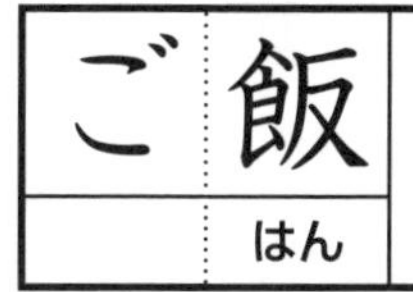

ご飯（はん）

酒（さけ）

カツ丼（どん）

半額（はんがく）

見（み）て、わかる

定食

メニュー

＜今週の定食＞　８００円

月・・・焼魚定食

火・・・肉と野菜炒め定食

水・・・天ぷら定食

木・・・豚の生姜焼き定食

金・・・おでん定食

土・・・刺身定食

練習1 書いてみよう

I □に漢字を１つ書いて、（　　）にひらがなを書いてください。

①（　　　　）

B →

A ↓ □きい
学
（　　）

②（　　　　）

B →

A ↓ □さい
学
校
（　　）

II ＿＿の漢字の読み方を書いてください。

① ＿＿＿＿＿＿

② ＿＿＿＿＿＿

③ ＿＿＿＿＿＿

④ ＿＿＿＿＿＿

⑤ ＿＿＿＿＿＿

今日のおすすめ

チキンカツ定食…八五〇円
魚①定食…八五〇円
野菜②てんぷら定食…八〇〇円
秋のきのこご飯③…六五〇円
肉④うどん…六〇〇円
牛丼⑤…六八〇円

III ＿＿の漢字をひらがなで、ひらがなを漢字で書いてください。

①スーパーで＿にく＿と＿お酒＿を買いました。

②私は＿りょうり＿をしませんから、毎日、外（そと）で＿ご飯＿を食べます。

③＿おおきい＿りんごを＿半分＿食べました。

④私は＿だいがくせい＿です。毎日、３＿じかんはん＿勉強（べんきょう）します。

練習(れんしゅう)2　やってみよう

I　友達(ともだち)と学校(がっこう)の食堂(しょくどう)でランチを食(た)べます。メニューを見(み)ています。

＊本日のランチ＊　480円　　11:30 ～ 2:00

A 焼き魚定食	B 牛焼肉定食	C スパゲティー
海藻サラダ 小鉢 みそ汁・ご飯	ポテトサラダ 小鉢 みそ汁・ご飯	生野菜サラダ スープ

＊お飲み物＊　※ランチには半額でサービスいたします！！

・コーヒー 260円　・紅茶 260円　・ジュース 200円　ほか

① ３人(にん)はＡ～Ｃのどれを食(た)べますか。

まり：（　　　）　　アリ：（　　　）　　今井(いまい)：（　　　）

② アリさんはコーヒーも飲(の)みます。ランチとコーヒーでいくらですか。

＿＿＿＿＿＿＿＿＿＿＿＿円

Ⅱ　友達(ともだち)とファミリーレストランで昼(ひる)ごはんを食(た)べます。　……………… 07

【👁】メニューを見(み)てください。

レストラン・イースト

●サラダ＆サンドイッチ

有機野菜のヘルシーサラダ
A

500円

野菜サンド
B

600円

ハムサンド
C

700円

●ご飯もの

カレーライス（サラダつき）
D
800円

にぎり寿司（みそ汁つき）
E

1500円

カツ丼
F

850円

●麺類

ざるそば
G

550円

天ぷらそば
H

900円

ラーメン
I
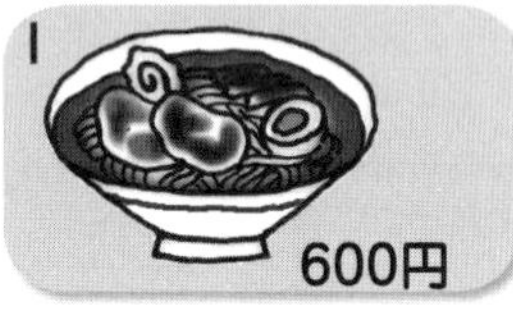
600円

●定食

ランチタイムだけのメニューです。（午前１１時～午後２時）
＊ご飯　…半ライスは100円割引。　大盛りは無料。

ハンバーグ定食
J

830円

しょうが焼き定食
K
850円

焼き魚定食
L

800円

てんぷら定食
M

1200円

【👂】①何(なに)と何(なに)を注文(ちゅうもん)しますか。　（　　　）と（　　　）

②いくらですか。　女(おんな)の人(ひと)：＿＿＿＿＿円　男(おとこ)の人(ひと)：＿＿＿＿＿円

Ⅲ　あなたはこの居酒屋でアルバイトをしています。 ……………………… 08

【👁】　メニューを見てください。

この店で、どんな料理を食べることができますか。

居酒屋　**東西屋**（東中野店）

<お品書き>

＊ランチタイムには定食をお出ししています。（午前11：00 〜午後2：00）

肉料理		魚料理	
1 鶏もも肉　たたき	600円	4 さしみ盛り合わせ	950円
2 牛ロース　ステーキ	850円	5 魚ととうふのスープ	650円
3 イベリコ豚　岩焼き	780円	6 あさりバター	680円

野菜料理		サラダ	
7 ねぎ焼き	580円	10 トマトサラダ	850円
8 かぼちゃのグラタン	580円	11 ベーコンサラダ	720円
9 ふろふき大根	450円	12 シーフードサラダ	750円

ご飯物		お酒	
13 ご飯（大）	200円	16 生ビール	450円
14 ご飯（小）	150円	17 日本酒	650円
15 おにぎり	180円	18 サワーカクテル	450円〜

ソフトドリンク　300円（コーラ、ジュース、ウーロン茶　ほか）

デザート　500円（アイスクリーム、パフェ、ケーキ　ほか）

【👂】　お客さんが注文します。会話を聞いてください。

お客さんは何を注文しましたか。番号を書いてください。

（　　　）（　　　）（　　　）（　　　）（　　　）（　　　）

Ⅳ あなたは弁当屋でアルバイトをしています。お客さんから電話が来ました。

◎09

【👁】 下の注文伝票*を見てください。

＊注文伝票…order form/点菜账单/주문전표

例）

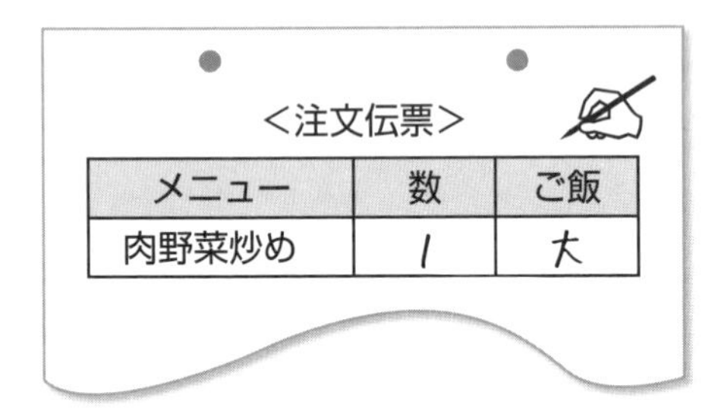

<注文伝票>

メニュー	数	ご飯
肉野菜炒め	1	大

<注文伝票>

メニュー	数	ご飯
肉野菜炒め		
酢豚		
牛とじ重		
鶏ご飯		
焼肉弁当		
鮭弁当		
のり弁当		
サラダ		
みそ汁		
合計	円	

【👂】 お客さんの話を聞いて、注文をメモしてください。

第8課 家族のこと
だい　か　かぞく

79 家

読み方(よみかた)	カ　いえ　ケ　や
ことば	家(いえ)　家族(かぞく)　家賃(やちん)
例文(れいぶん)	私(わたし)の家(いえ)は中野(なかの)にあります。
書き順(かきじゅん)	家
家	
memo	

80 族

読み方(よみかた)	ゾク
ことば	家族(かぞく)
例文(れいぶん)	家族(かぞく)は5人(にん)です。
書き順(かきじゅん)	族
族	
memo	

ポイント

①どっちがいい？

【かぞく】

A 家族

B 家旅

家	族		

81 父

読み方(よみかた)	ちち　フ
ことば	父(ちち)〈お父(とう)さん〉祖父(そふ)
例文(れいぶん)	父(ちち)は会社員(かいしゃいん)です。／お父(とう)さんはお元気(げんき)ですか。
書き順(かきじゅん)	父
父	
memo	

ポイント

②どっちがいい？

【おとうさん】

A お父さん

B お兄さん

82 母

読み方(よみかた)	はは　ボ
ことば	母(はは)〈お母(かあ)さん〉祖母(そぼ)
例文(れいぶん)	母(はは)は45歳(さい)です。／友達(ともだち)のお母(かあ)さんに会(あ)いました。
書き順(かきじゅん)	母
母	
memo	

ポイント

③どっちがいい？

【おかあさん】

A お姉さん

B お母さん

④どっちがいい？

A 母　B 母

83 兄

読み方(よみかた)	キョウ　あに　ケイ
ことば	兄(あに)〈お兄(にい)さん〉兄弟(きょうだい)
例文(れいぶん)	兄(あに)は学校(がっこう)の先生(せんせい)です。／私(わたし)は3人兄弟(にんきょうだい)です。
書き順(かきじゅん)	兄
兄	
memo	

ポイント

⑤どっちがいい？

【お兄さん】

A あに

B にい

84 弟	
読み方（よみかた）	ダイ　おとうと　デ　テイ
ことば	弟（おとうと）　兄弟（きょうだい）
例文（れいぶん）	弟（おとうと）は大学生（だいがくせい）です。
書き順（かきじゅん）	丶 丷 䒑 当 弓 弟 弟
弟	
memo	

ポイント
⑥どっちがいい？
【おとうと】
A 弟　B 第

85 姉	
読み方（よみかた）	あね　シ
ことば	姉（あね）〈お姉（ねえ）さん〉　姉妹（しまい）
例文（れいぶん）	姉（あね）は会社員（かいしゃいん）です。
書き順（かきじゅん）	𡿨 夊 女 女' 女亠 女亡 姉 姉
姉	
memo	

ポイント
⑦どっちがいい？
【お姉さん】
A あね
B ねえ

86 妹	
読み方（よみかた）	いもうと　マイ
ことば	妹（いもうと）
例文（れいぶん）	妹（いもうと）は高校（こうこう）3年生（ねんせい）です。
書き順（かきじゅん）	𡿨 夊 女 女一 女二 女+ 妹 妹
妹	
memo	

ポイント
⑧どっちがいい？
A 妹　B 妹

87 犬	
読み方（よみかた）	いぬ　ケン
ことば	犬（いぬ）
例文（れいぶん）	うちの犬（いぬ）の名前（なまえ）はタロウです。
書き順（かきじゅん）	一 ナ 大 犬
犬	
memo	

ポイント
⑨どっちがいい？
A 犬　B 犬

88 高	
読み方（よみかた）	コウ　たか-い　たか　たか-まる　たか-める
ことば	高（たか）い　高校（こうこう）
例文（れいぶん）	日本（にほん）の食（た）べ物（もの）は高（たか）いです。／あの人（ひと）は背（せ）が高（たか）いです。
書き順（かきじゅん）	' 亠 亠 亡 古 吉 高 高 高 高
高	
memo	

い

89		
長	読み方	チョウ　なが-い
	ことば	長い（ながい）　社長（しゃちょう）
	例文	日本語（にほんご）で長い（ながい）手紙（てがみ）を書き（かき）ました。／社長（しゃちょう）は少し（すこし）怖い（こわい）です。
	書き順	一 厂 F F 巨 長 長 長
	長	
	memo	

□い

90		
短	読み方	みじか-い　タン
	ことば	短い（みじかい）
	例文	短い（みじかい）時間（じかん）で作文（さくぶん）を書き（かき）ました。
	書き順	ノ 𠂉 𠂉 ⺈ 矢 矢 矢 知 知 短 短 短
	短	
	memo	

ポイント

⑩どっちがいい？

A 短い

B 短かい

□い

読める

趣味（しゅみ）

見て、わかる

出身地　職業

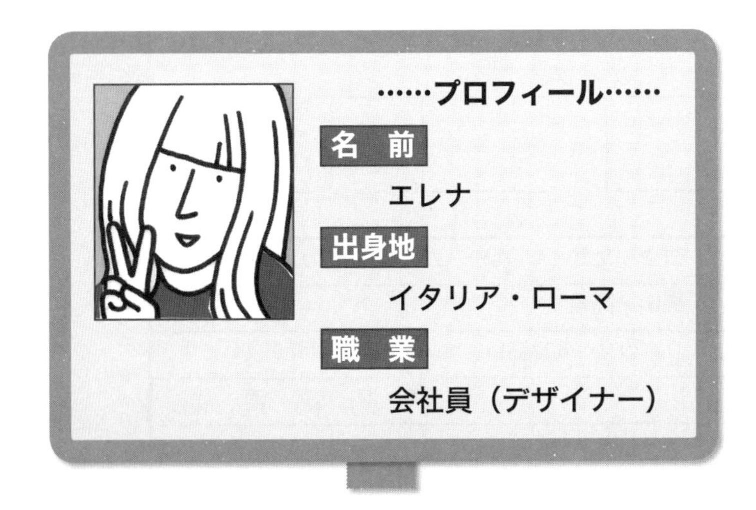

練習(れんしゅう) 1　書(か)いてみよう

Ⅰ　□に漢字(かんじ)を１つ書(か)いて、(　　　)にひらがなを書(か)いてください。

①　(　　　)

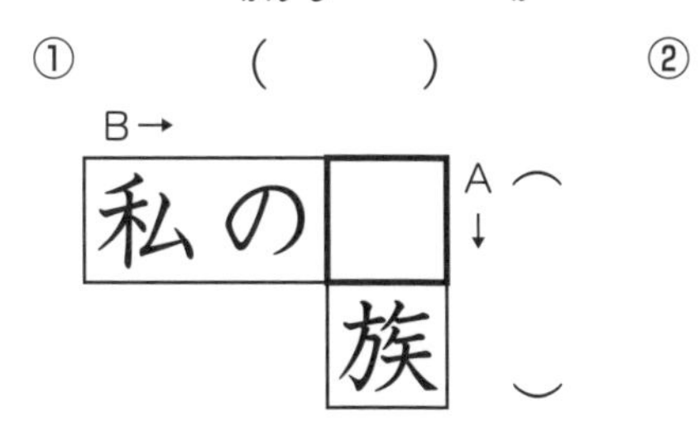

②　(　　　)

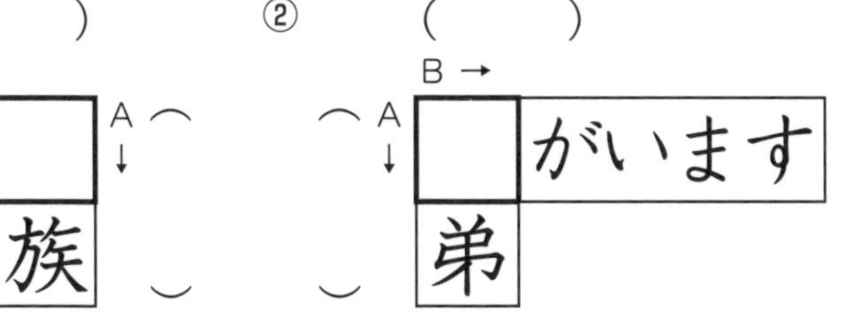

③　(　　　)

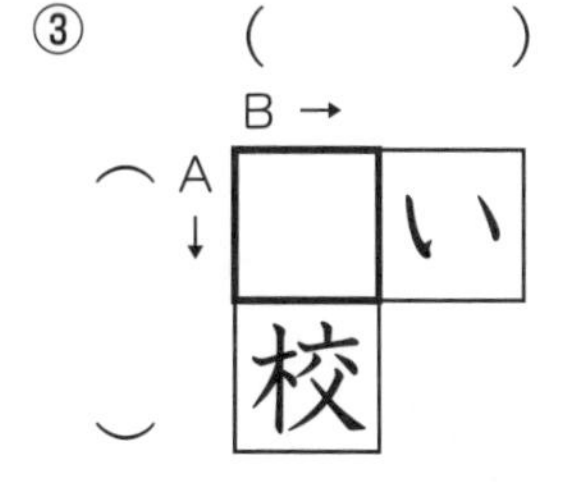

Ⅱ　反対(はんたい)の言葉(ことば)はどれですか。

①うさぎは耳(みみ)が長いです。　　A 高い　　B 短い　　C 大きい

②私は妹より背(せ)が低(ひく)いです。　　A 大きい　　B 長い　　C 高い

Ⅲ　アニメやドラマに出(で)てくる家族(かぞく)のファミリーツリーを書(か)いてください。

例(れい))

Ⅳ　例(れい)のように、漢字(かんじ)を使(つか)って書(か)いてください。

例(れい))

私の父は背(せ)が高いです。

母は学校の先生です。

兄は大学生です。

あなたの家族(かぞく)を紹介(しょうかい)してください。

練習2（れんしゅう） やってみよう

I　あなたは夏休み（なつやす）に真希（まき）さんの家（いえ）にホームステイします。

これは、真希（まき）さんのプロフィールです。

受け入れ先日本人学生

氏名	山田　真希	性別	女
生年月日	＊＊＊＊年 5月 4日	年齢	21歳
住所	東京都中野区中央1－＊－＊		
電話／ＦＡＸ	03－△△△△－□□□□		

【家族構成】

続柄	名前	年齢	職業
父	博史	58	会社員
母	洋子	55	主婦
姉	弘美	24	銀行員
本人	真希	21	大学生
弟	勇樹	17	高校生

【ペット】

犬	チョコ

真希（まき）さんの家族（かぞく）はどれですか。

A

B

C

Ⅱ　ブログで自分の家族を紹介します。

［　　］から漢字を選んで書いてください。

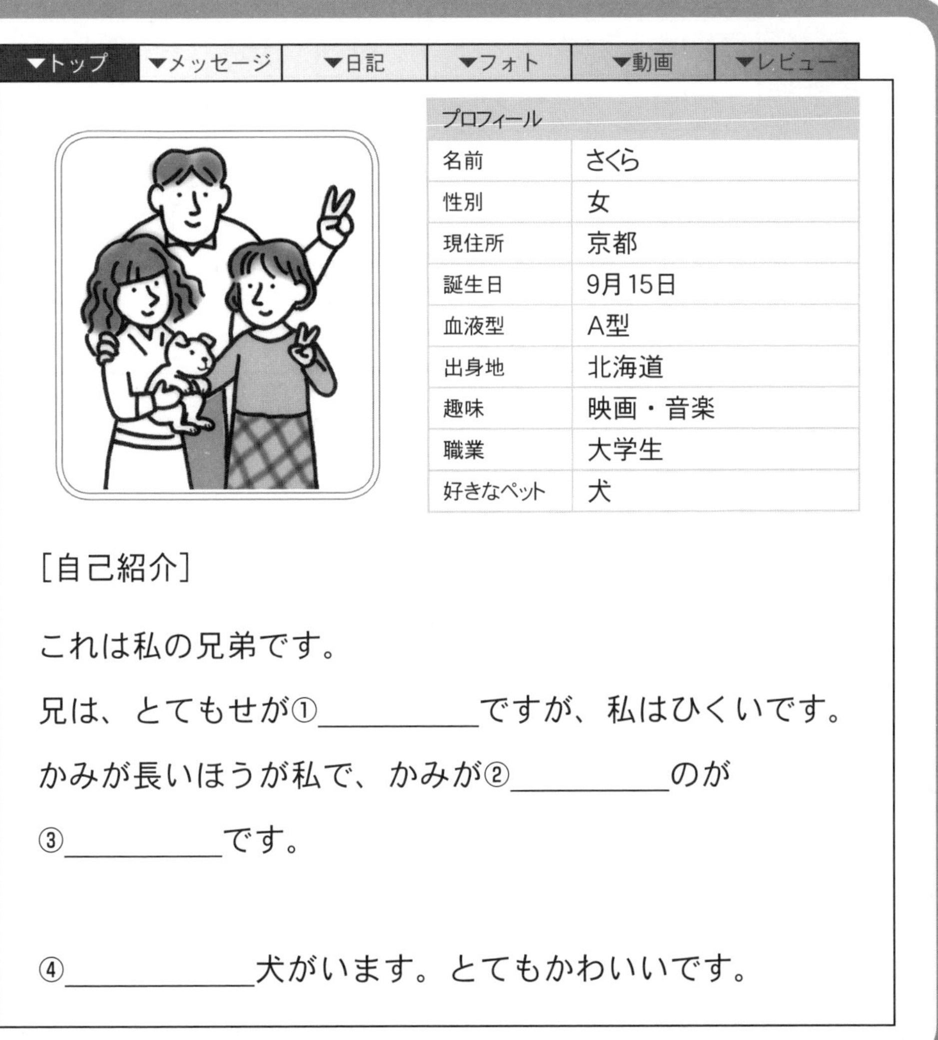

▼トップ ｜ ▼メッセージ ｜ ▼日記 ｜ ▼フォト ｜ ▼動画 ｜ ▼レビュー

プロフィール	
名前	さくら
性別	女
現住所	京都
誕生日	9月15日
血液型	A型
出身地	北海道
趣味	映画・音楽
職業	大学生
好きなペット	犬

［自己紹介］

これは私の兄弟です。

兄は、とてもせが①＿＿＿＿＿ですが、私はひくいです。

かみが長いほうが私で、かみが②＿＿＿＿＿のが

③＿＿＿＿＿です。

④＿＿＿＿＿犬がいます。とてもかわいいです。

弟	妹	長	短	高	大	小

Ⅲ　専門学校のテストがあります。入学願書*を書きます。

＊入学願書…application for admission/入学志愿书/입학 원서

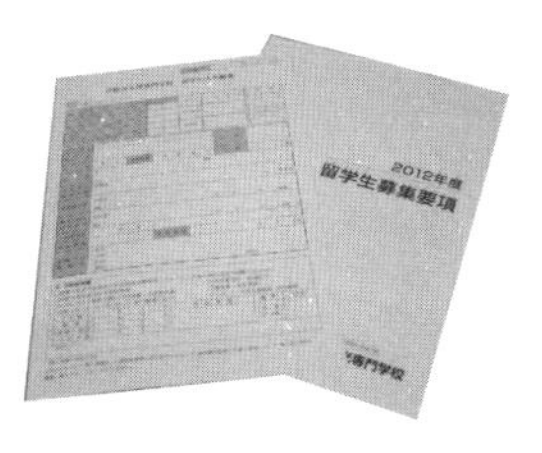

例を見てください。

例）

家族構成	名前	続柄	年齢	職業
	エミリー　ブラウン	本人	20	日本語学校学生
	ジョン　ブラウン	父	55	会社員
	マリー　ブラウン	母	53	教師
	ジム　ブラウン	兄	24	大学生
	マイク　ブラウン	弟	18	高校生

下の書類は、あなたの願書です。書いてください。

家族構成	名前	続柄	年齢	職業
		本人		

「音の変化ー読み方に注意!!ー」

２つの言葉を１つにしたとき、後ろの言葉の初めの音が「゛」になるものがあります。

会社（かいしゃ）：旅行＋会社⇒旅行会社（りょこうがいしゃ）

帰る（かえ-る）　：日＋帰り⇒日帰り（ひがえ-り）

第9課（だいか）

好（す）きなこと

91 好

読み方	す-き　コウ　この-む　す-く
ことば	好き
例文	私はダンスが好きです。
書き順	〈 女 女 女' 好 好
好	
memo	

□き

92 歌

読み方	うた　うた-う　カ
ことば	歌　歌います　歌手
例文	彼女は歌が上手です。／好きな歌手は誰ですか。
書き順	一 丁 可 可 可 哥 哥 哥 哥 哥 哥' 歌 歌
歌	
memo	

ポイント
①どっちがいい？
A 歌　B 歌

□います

93 音

読み方	オン　おと　イン　ね
ことば	音楽　音
例文	趣味は音楽を聞くことです。／車の音がうるさいです。
書き順	' 亠 亠 立 立 产 音 音 音
音	
memo	

94 楽

読み方	ガク　たの-しい　ラク　たの-しむ
ことば	音楽　楽しい　楽しみ　楽しみます　楽
例文	日本語の勉強は楽しいです。
書き順	' 亻 白 白 白 泊 泊 泊' 泊' 泊 泊 楽 楽
楽	
memo	

ポイント
②どれがいい？
A 楽い
B 楽しい
C 楽のしい

□しい

音楽□□

95 車

読み方	シャ　くるま
ことば	車　電車
例文	父は車の運転が上手です。／電車で学校へ行きます。
書き順	一 厂 戸 百 亘 亘 車
車	
memo	

96		
映	読み方	エイ　うつ-す　うつ-る　は-える
	ことば	映画（えいが）
	例文	よく外国（がいこく）の映画（えいが）を見（み）ます。
	書き順	丨 ∏ 日 日 日' 旷 旿 映 映
	映	
	memo	

97		
画	読み方	ガ　カク
	ことば	映画（えいが）　計画（けいかく）　画家（がか）
	例文	映画（えいが）の勉強（べんきょう）をしたいです。
	書き順	一 冂 门 币 币 亩 画 画
	画	
	memo	

98		
旅	読み方	リョ　たび
	ことば	旅行（りょこう）　一人旅（ひとりたび）
	例文	夏休（なつやす）み、旅行（りょこう）に行（い）きたいです。
	書き順	丶 亠 ⺈ 方 方 方 方 於 旅 旅
	旅	
	memo	

99		
海	読み方	カイ　うみ
	ことば	海外（かいがい）　海（うみ）
	例文	趣味（しゅみ）は海外旅行（かいがいりょこう）です。／海（うみ）で泳（およ）ぐことが好（す）きです。
	書き順	丶 丶 氵 氵 氵 汇 汇 海 海
	海	
	memo	

100		
外	読み方	ガイ　そと　ゲ　はず-す　はず-れる　ほか
	ことば	外国（がいこく）　外（そと）
	例文	将来（しょうらい）、外国（がいこく）で働（はたら）きたいです。／外（そと）で遊（あそ）びます。
	書き順	ノ ク タ 夕 外
	外	
	memo	

ポイント

③どっちがいい？

A 画　B 画

ポイント

④どれがいい？

【映画】

A えが

B えいか

C えいが

映画

ポイント

⑤どっちがいい？

A 旅　B 旅

⑥どれがいい？

【旅行】

A りょこう

B りょうこう

C りょうこ

旅行

ポイント

⑦どっちがいい？

A 海　B 海

ポイント

⑧どれがいい？

【____旅行】

A 外海

B 国外

C 海外

読める

漢	字	にほんご ニホンゴ 日本語
かん	じ	

見て、わかる

書	店

練習1 書いてみよう

I □に漢字を１つ書いて、（　　）にひらがなを書いてください。

① （　　）A↓ 音 / □しい B→ （　　　　）

② （　　）B→ A↓ □で泳ぎます / 外 （　　）

II □のパーツを使って、＿＿に漢字を書いてください。

例） 目 → 毎日テレビを＿見＿ます。

① 方 →・夏休みに＿＿行に行きます。
・私の家＿＿は３人です。父と母と私です。

② 欠 →・カラオケで＿＿うことが好きです。
・友達とお酒を＿＿むことが好きです。

③ 曰 →・わたしの趣味はブログを＿＿くことです。
・クラシック＿＿楽が好きです。

III □の漢字を使って、文を作ってください。

外　行　音　見　映　旅
聞　車　楽　好　画　海

例） 私の好きなことは･･･ ／私の趣味は･･･

＿＿＿＿＿＿＿＿＿＿＿＿＿＿＿＿＿＿＿＿

＿＿＿＿＿＿＿＿＿＿＿＿＿＿＿＿＿＿＿＿

＿＿＿＿＿＿＿＿＿＿＿＿＿＿＿＿＿＿＿＿

＿＿＿＿＿＿＿＿＿＿＿＿＿＿＿＿＿＿＿＿

練習2 やってみよう

Ⅰ　あなたは友達と本屋へ本を買いに行きました。

東西書店　売場案内

5Ｆ	地図・旅行ガイド・語学・辞書・洋書辞書・英会話	
4Ｆ	芸術・写真集・趣味・音楽・楽譜・映画・演劇	
3Ｆ	法律・教育・歴史／機械・数学／経済・ビジネス／コンピュータ・電子辞書	
2Ｆ	雑誌／タレント本／コミック／ＴＶゲーム攻略本	
1Ｆ	新刊・文学・文庫・絵本・児童書	

友達は何階のどのコーナーに行きますか。

①（　　　）階の（　　　）コーナー　②（　　　）階の（　　　）コーナー　③（　　　）階の（　　　）コーナー

Ⅱ　あなたと友達(ともだち)は本(ほん)を見(み)ています。 ……………………… 10～12

【👂】　どの本(ほん)を見(み)ていますか。会話(かいわ)を聞(き)いて、Ａ～Ｄを書(か)いてください。

①（　　　）　②（　　　）　③（　　　）

A

B

C

D

Ⅲ　学校(がっこう)のロビーにＡ～Ｄのポスターがありました。

あなたと友達(ともだち)はロビーで話(はな)しています。 ……………………… 13～15

【👂】　Ａ～Ｄのどれを見(み)て、話(はな)していますか。

①（　　　）　②（　　　）　③（　　　）

A

B

C

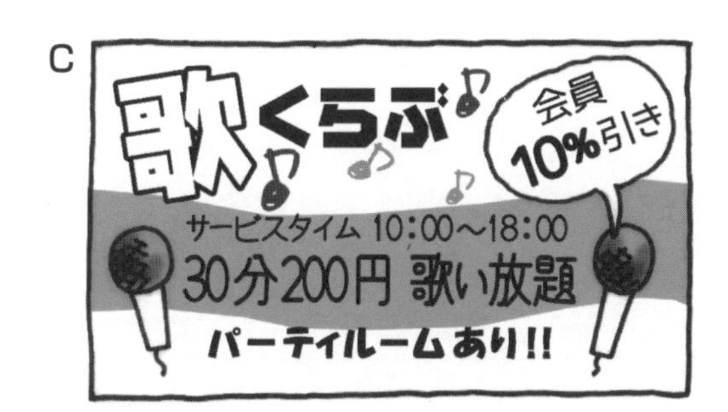

D

Ⅳ　あなたはSNSのプロフィールを見ています。

①下の人を見つけました。この人の趣味は何ですか。

＿＿＿＿＿＿＿＿＿＿＿＿＿＿

▼top　▼photo　▼link

21才、東京の大学生です。

今、1人で住んでいますから、
毎日、ごはんを作っています〜〜！
メニューを考えるのが大変だけど、
料理がとっても好きです！！
でも、何を作るか毎日書きたいと思います。

②プロフィールにあなたの「好きなこと」を書いて、友達を作りましょう。
あなたの「好きなこと」は何ですか。

例） 映画　　歌　　（海外）旅行　　読書　　スポーツ　　料理　……

「熟語―漢字は便利！―」

漢字は、少ない字数で書くことができますからとても便利です。
では、こんなとき、どれを使うと思いますか。

例） 学校で勉強します、人	：	学校	・ 学生	・ 学勉
①国へかえります	：	行国	・ 来国	・ 帰国
②日本へきます	：	行日	・ 来日	・ 帰日
③本の店	：	読店	・ 書店	・ 語店

楽(たの)しく覚(おぼ)えよう２

―音(おと)と意味(いみ)がかくれている漢字(かんじ)―

Ｑ１　どんな意味(いみ)？

①言語　　　②水道

Ｑ２　どんな音(おと)？

①手(て)帳　　　②洗濯(たく)

楽しく覚えよう３
—みんなのアイディア—

◎漢字をパーツに分けて、ストーリーを作ってみよう！

休　人が木の下で休みます。

海　水＋［人＋母］　海は私たち（人）のお母さんです。

※注意!!　海

Q　ストーリーを考えてみよう　　好 ＿＿＿＿＿＿＿＿＿＿＿＿＿＿

◎イラストにしてみよう！

第10課（だいかか）

待ち合わせ（まあ）

101 駅

読み方(よみかた)	**エキ**
ことば	**駅**(えき)
例文(れいぶん)	駅(えき)で切符(きっぷ)を買(か)います。
書き順(かきじゅん)	丨 ㇄ ⺆ 币 冃 馬 馬 馬 馬 馬 馬 駅 駅
駅	
memo	

ポイント
①どっちがいい？
A 駅　B 駅

102 上

読み方(よみかた)	**ジョウ うえ** ショウ あ-がる あ-げる うわ かみ のぼ-す のぼ-せる のぼ-る
ことば	**上**(うえ)　**<上手(じょうず)>**　上(あ)がります　上(あ)げます　上(のぼ)り　上着(うわぎ)
例文(れいぶん)	テレビの上(うえ)に本(ほん)があります。／母(はは)は料理(りょうり)が上手(じょうず)です。
書き順(かきじゅん)	丨 ⺊ 上
上	
memo	

103 下

読み方(よみかた)	**カ した** ゲ お-りる お-ろす くだ-さる くだ-す くだ-る さ-がる さ-げる しも もと
ことば	**下**(した)　**地下鉄**(ちかてつ)　**<下手(へた)>**　下(お)ります　下(くだ)り　下(さ)がります　下(さ)げます　上下(じょうげ)
例文(れいぶん)	いすの下(した)にかばんがあります。／私(わたし)は歌(うた)が下手(へた)です。
書き順(かきじゅん)	一 丅 下
下	
memo	

104 地

読み方(よみかた)	**チ** ジ
ことば	**地図**(ちず)　**地下鉄**(ちかてつ)　地震(じしん)
例文(れいぶん)	駅(えき)の近(ちか)くの地図(ちず)を見(み)ます。
書き順(かきじゅん)	一 十 土 圠 地 地
地	
memo	

ポイント
②どっちがいい？
A 地　B 地

105 図

読み方(よみかた)	**ズ ト** はか-る
ことば	**地図**(ちず)　**図書館**(としょかん)
例文(れいぶん)	友達(ともだち)と図書館(としょかん)へ行(い)きます。
書き順(かきじゅん)	丨 冂 冂 冈 図 図 図
図	
memo	

地図

106		
館	読み方(よみかた)	カン　やかた
	ことば	**図書館(としょかん)　映画館(えいがかん)**
	例文(れいぶん)	図書館(としょかん)で本(ほん)を借(か)ります。
	書き順(かきじゅん)	ノ 𠆢 今 今 今 刍 刍 食 食' 食' 食' 飠 飠 館 館 館
	館	
	memo	

ポイント
③どっちがいい？
A 館　B 館

図書館

107		
右	読み方(よみかた)	みぎ　ウ　ユウ
	ことば	**右(みぎ)**　左右(さゆう)
	例文(れいぶん)	日本(にほん)の車(くるま)は右(みぎ)ハンドルです。
	書き順(かきじゅん)	ノ ナ 才 右 右
	右	
	memo	

ポイント
④どっちがいい？
【右】
A みぎ
B ひだり

108		
左	読み方(よみかた)	ひだり　サ
	ことば	**左(ひだり)**
	例文(れいぶん)	日本(にほん)では車(くるま)は道(みち)の左側(ひだりがわ)を走(はし)ります。
	書き順(かきじゅん)	一 ナ 左 左 左
	左	
	memo	

109		
道	読み方(よみかた)	ドウ　みち　トウ
	ことば	**道(みち)　水道(すいどう)**　北海道(ほっかいどう)
	例文(れいぶん)	交番(こうばん)で道(みち)を聞(き)きます。／水道(すいどう)の水(みず)が出(で)ません。
	書き順(かきじゅん)	丶 丷 䒑 䒑 产 首 首 首 首 首 道 道
	道	
	memo	

ポイント
⑤どれがいい？
A 道　B 道
C 道

読める

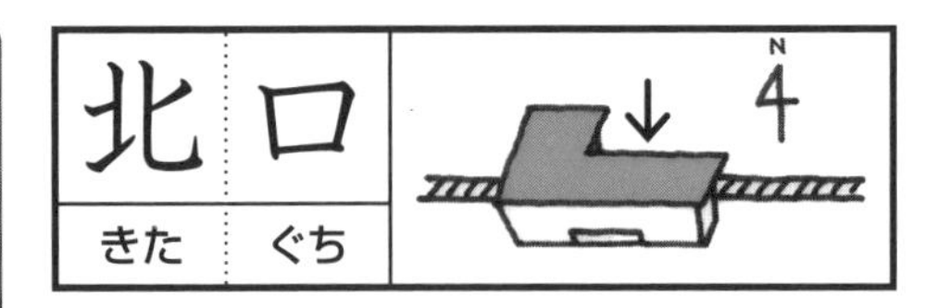

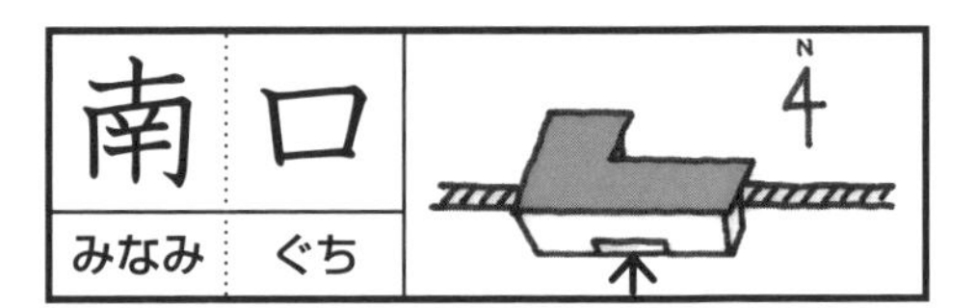

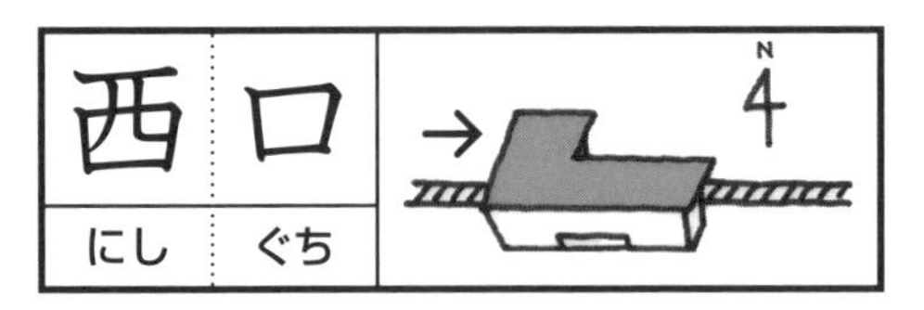

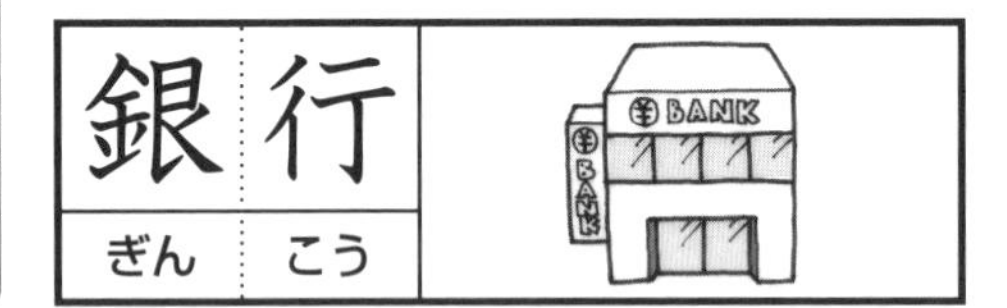

見て、わかる

駐車場

練習1 書いてみよう

Ⅰ □に漢字を１つ書いて、（　　）にひらがなを書いてください。

①
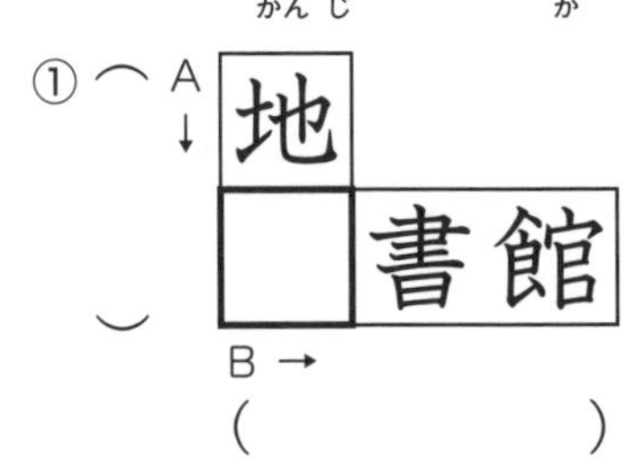

（　　　　）

②
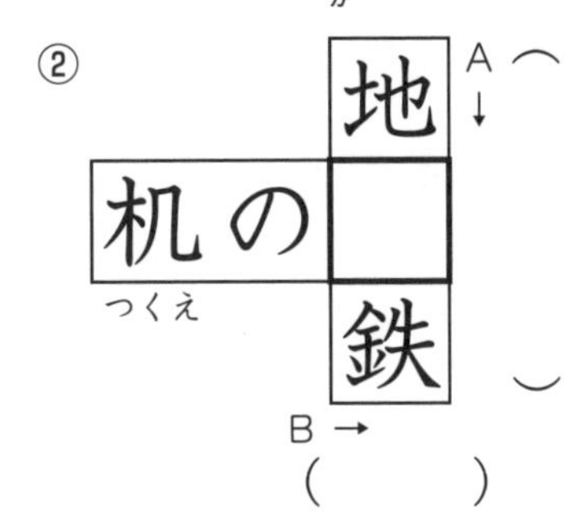

（　　）

Ⅱ 絵を見て＿＿に［　］の漢字を、（　　）に読み方を書いてください。

① 
② 
③ 
④ 

⑤

①木の＿＿に犬がいます。
（　　　　）

②ベッドの＿＿にネコがいます。
（　　　　）

③男の人は＿＿に座(すわ)っています。
（　　　　）

④中野(なか)＿＿の北口で会いましょう。
（　　　　）

⑤ここは映画＿＿です。
（　　　　）

上　下　左　右　館　駅

Ⅲ ＿＿＿の漢字をひらがなで、ひらがなを漢字で書いてください。

①＿駅＿の前の＿銀行＿へ行きます。
②＿としょかん＿で本を読みます。
③＿地下鉄＿に乗(の)ります。
④この＿みち＿は細(ほそ)いです。

練習2 やってみよう

Ⅰ　今日は、まりさんの誕生日です。○○駅でけんさんに会って、花とケーキを買って、みんなでご飯を食べます。

下のお店はどこですか。（　　　）にA～Hを書いてください。

①（　　　）

プレゼントはお花をどうぞ！

さくら花店

○○駅南口　東西銀行右

②（　　　）

③（　　　）

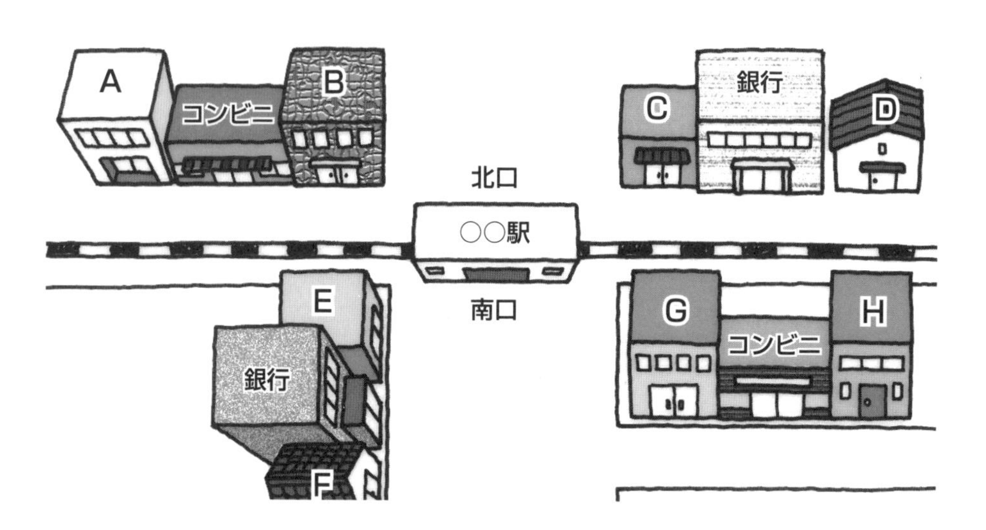

Ⅱ　友達(ともだち)のけんさんから電話(でんわ)が来(き)ました。 ◎16

【👁】駅(えき)の中(なか)の案内図(あんないず)を見(み)てください。

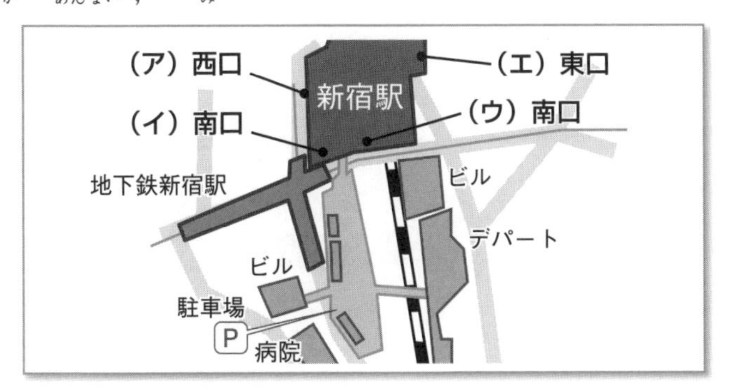

【👂】①けんさんは今(いま)(ア)～(エ)のどこにいますか。　(　　　　　)

②2人(ふたり)は(ア)～(エ)のどこで会(あ)いますか。　(　　　　　)

Ⅲ　アリさんは友達(ともだち)のまりさんと映画館(えいがかん)の前(まえ)で待(ま)ち合(あ)わせをしていましたが、まりさんがいません。まりさんに電話(でんわ)をします。アリさんは今(いま)、駅(えき)を出(で)たところ(★)で地図(ちず)を見(み)ています。 ◎17

【👁】地図(ちず)を見(み)てください。

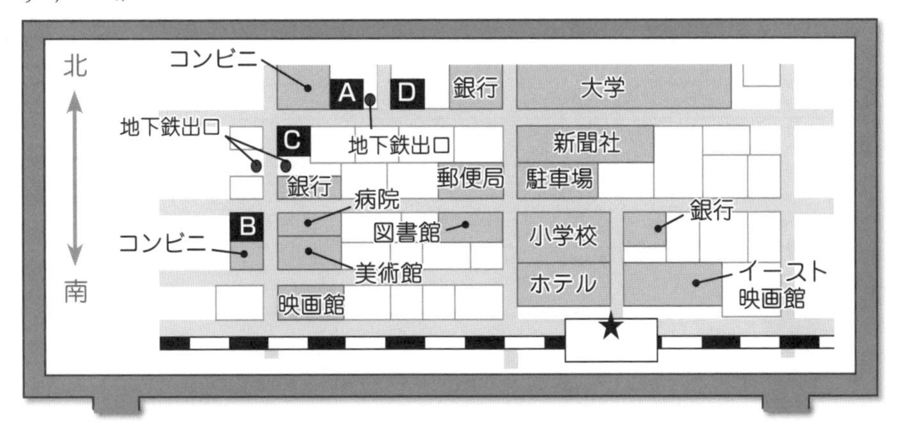

【👂】①まりさんは今(いま)、A～Dのどこにいますか。　(　　　　　)

②待(ま)ち合(あ)わせの場所(ばしょ)へ行(い)くまでに、何(なに)がありますか。

A 　B 

C 

Ⅳ　あなたは今、図書館にいます。

駅にいる友達にメールで図書館への行き方を教えてください。

［　　］の漢字を使って書いてください。

駅　前　左　右　道　間　図書館　映画館

第11課
だい　か

何時に、何をする？
なんじ　なに

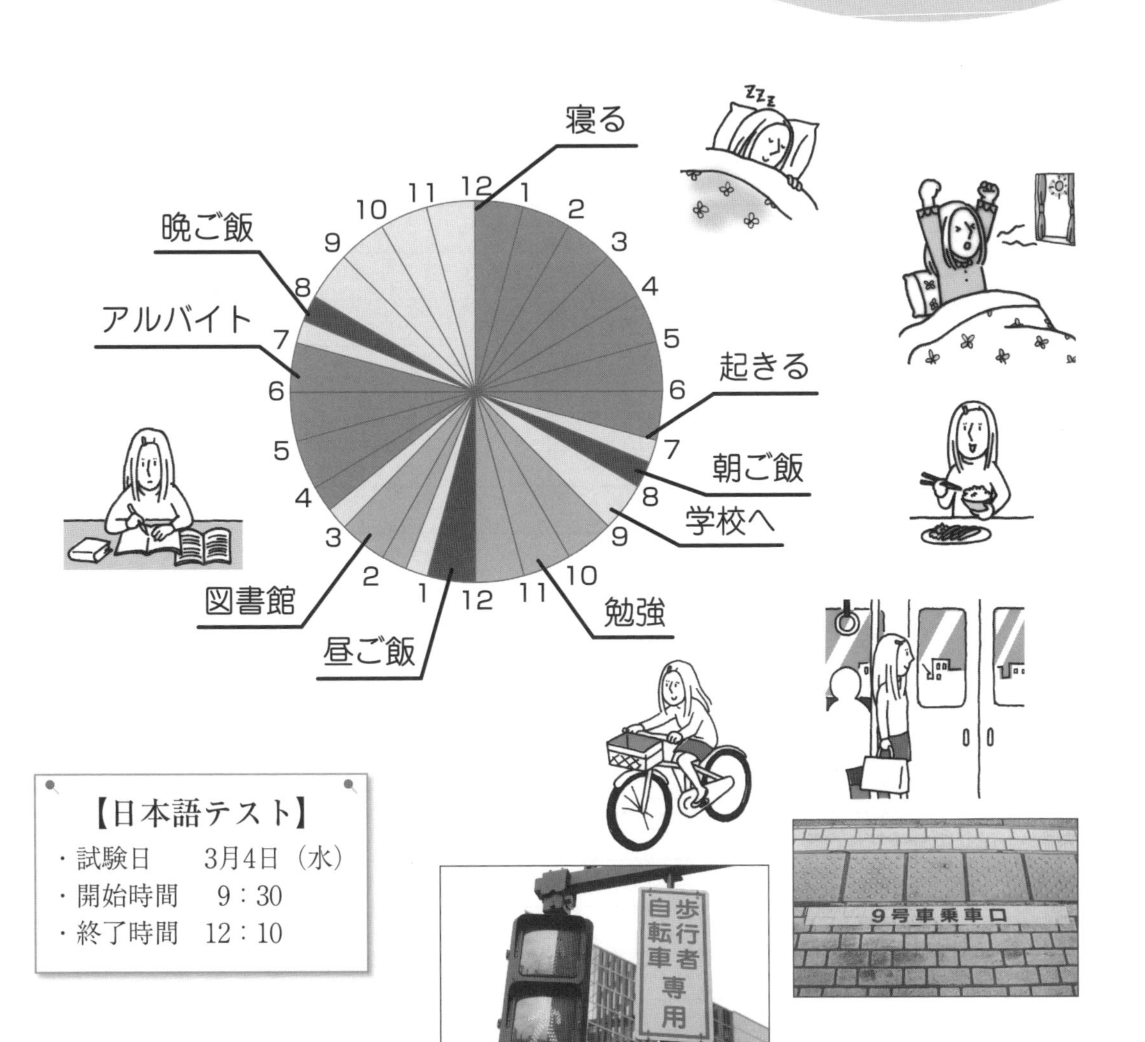

110 起

読み方（よみかた）	**お-きる** キ お-こす お-こる
ことば	**起（お）きます** 起（お）こします
例文（れいぶん）	毎朝（まいあさ）、8時（じ）に起（お）きます。
書き順（かきじゅん）	
起	
memo	

ポイント

①どっちがいい？

【おきます】

A 起きます

B 起ます

□きます

111 歩

読み方（よみかた）	**ホ（ポ） ある-く** フ ブ あゆ-む
ことば	**散歩（さんぽ） 歩（ある）きます** 歩道（ほどう）
例文（れいぶん）	毎朝（まいあさ）、散歩（さんぽ）しています。／うちから学校（がっこう）まで歩（ある）いて10分（ぷん）です。
書き順（かきじゅん）	
歩	
memo	

ポイント

②どっちがいい？

【散歩】

A さんぽ

B さんぽう

□きます

112 乗

読み方（よみかた）	**の-る** ジョウ の-せる
ことば	**乗（の）ります**
例文（れいぶん）	新宿駅（しんじゅくえき）で電車（でんしゃ）に乗（の）ります。
書き順（かきじゅん）	
乗	
memo	

ポイント

③どっちがいい？

A 乗 B 乗

□ります

113 始

読み方（よみかた）	**はじ-まる はじ-める** シ
ことば	**始（はじ）めます 始（はじ）まります**
例文（れいぶん）	10時（じ）に会議（かいぎ）を始（はじ）めます。
書き順（かきじゅん）	
始	
memo	

ポイント

④どっちがいい？

【はじめます】

A 始じめます

B 始めます

□めます

114 終

読み方（よみかた）	**お-わる** シュウ お-える
ことば	**終（お）わります** 終（お）わり
例文（れいぶん）	アルバイトは8時（じ）に終（お）わります。
書き順（かきじゅん）	
終	
memo	

ポイント

⑤どっちがいい？

A 終 B 終

□わります

115	勉
読み方	ベン
ことば	勉強
例文	学校の勉強は９時からです。
書き順	
勉	
memo	

116	強
読み方	キョウ　つよ-い　ゴウ　し-いる　つよ-まる　つよ-める
ことば	勉強　強い
例文	毎日、日本語を勉強しています。／父は力が強いです。
書き順	
強	
memo	

117	朝
読み方	あさ　チョウ
ことば	朝　<今朝>　朝食
例文	毎朝、７時に起きます。
書き順	
朝	
memo	

118	昼
読み方	ひる　チュウ
ことば	昼　昼食
例文	いつも学校で昼ご飯を食べます。
書き順	
昼	
memo	

119	夜
読み方	ヤ　よる　よ
ことば	夜　今夜　夜中
例文	明日の夜、映画を見に行きます。／今夜、花火大会があります。
書き順	
夜	
memo	

読める

自転車
じてんしゃ

寝る
ね

見て、わかる

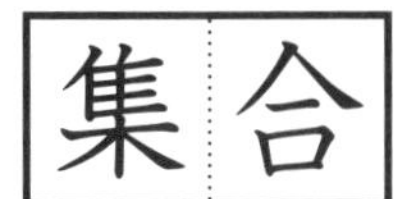
集合

春のバスツアー
—新宿駅集合場所地図—
集合場所
集合場所：東京ビル前
集合時間：6:30集合

練習(れんしゅう) 1　書(か)いてみよう

I　□に漢字(かんじ)を１つ書(か)いて、(　　)にひらがなを書(か)いてください。

①（さん　　）

B →

散	□
	きます

A ↓（　　）

②（　　　　）

B →

勉	□
	い

A ↓（　　）

II　絵(え)を見(み)て、[　　]の漢字(かんじ)を使(つか)って、＿＿＿に書(か)いてください。

例(れい))

①

②

③

④

例(れい))　本を読みます　。

① 毎朝７時に＿＿＿＿＿＿＿。

② 中野駅(なか)まで＿＿＿＿＿＿＿。それから、中野駅(なか)で電車(でん)に＿＿＿＿＿＿＿。

③ 学校は９時に＿＿＿＿＿＿＿。１時まで学校で＿＿＿＿＿＿＿。

④ ４時にアルバイトに行きます。アルバイトは夜８時に＿＿＿＿＿＿＿。

読　始　勉　寝　歩　起　終　強　乗

Ⅲ ＿＿＿の漢字をひらがなで、ひらがなを漢字で書いてください。

①＿ひるやすみ＿は１時間です。午後の会議は1時半に＿はじまります＿。

②＿まいあさ＿、＿自転車＿で駅まで行きます。

③毎日＿寝る＿前に、２時間＿勉強＿します。

④＿今夜＿、アルバイトが＿おわって＿から、映画を見に行きます。

練習2 やってみよう

I 富士山ツアーのお知らせを見ています。

日本人大学生と一緒に

富士山へ行こう！

【スケジュール】

（1日目）8月22日（土）

06：30 集合
07：00 バス出発
※ 集合場所 ：新宿駅西口 バス乗り場（東京ビル前）

11：00 ホテルへ
12：00 登山開始
17：00 山小屋へ

（2日目）8月23日（日）

02：00 起床、登山開始
05：00 山頂で朝日を見る
07：00 下山開始
11：00 下山終了 ホテルへ

① どこでバスにのりますか。 ＿＿＿＿＿＿の前

② 1日目、何時から山に登りますか。 ＿＿＿＿＿＿

③ 次の日、何時におきますか。 ＿＿＿＿＿＿

④ 富士山の山頂（＝いちばん上）から下まで何時間ぐらいですか。

＿＿＿＿＿＿

Ⅱ　大学生のアリさんは、日本の演劇*を見たいです。
インターネットで10月のチケットを探しています。

＊演劇…play／戏剧／연극

Webチケット予約　留学生のための　能楽・文楽・歌舞伎　鑑賞教室

10月プログラム	A 能楽	B 文楽	C 歌舞伎
公演日時	①10月24日 販売終了 ②10月25日（日）	③10月16日（金）	④10月10日（土） ⑤10月11日（日）
	昼の部	夜の部	昼の部・夜の部

※昼の部：12時～（終演3時）　夜の部：4時～（終演7時）

下のアリさんのカレンダーを見てください。
アリさんはどれを見に行くことができますか。◯をつけてください。

10月

日	月	火	水	木	金	土
				1	2	3
4 デート♥	5	6	7	8	9 バイト 3：00	10 飲み会 6：00
11 バーベキュー 1:00～5:00	12	13 バイト 1：00	14	15	16 旅行→	17 ←旅行
18	19	20	21 夜：映画	22	23 バイト 3：00	24
25 日本語テスト 1:00～6:00	26	27 バイト 1：00	28	29	30	31

［　①　・　②　・　③　・　④　・　⑤　］の［　昼の部　・　夜の部　］

Ⅲ 「合宿のお知らせ」を作っています。 ◎18

【👁】 下のスケジュール表を見てください。

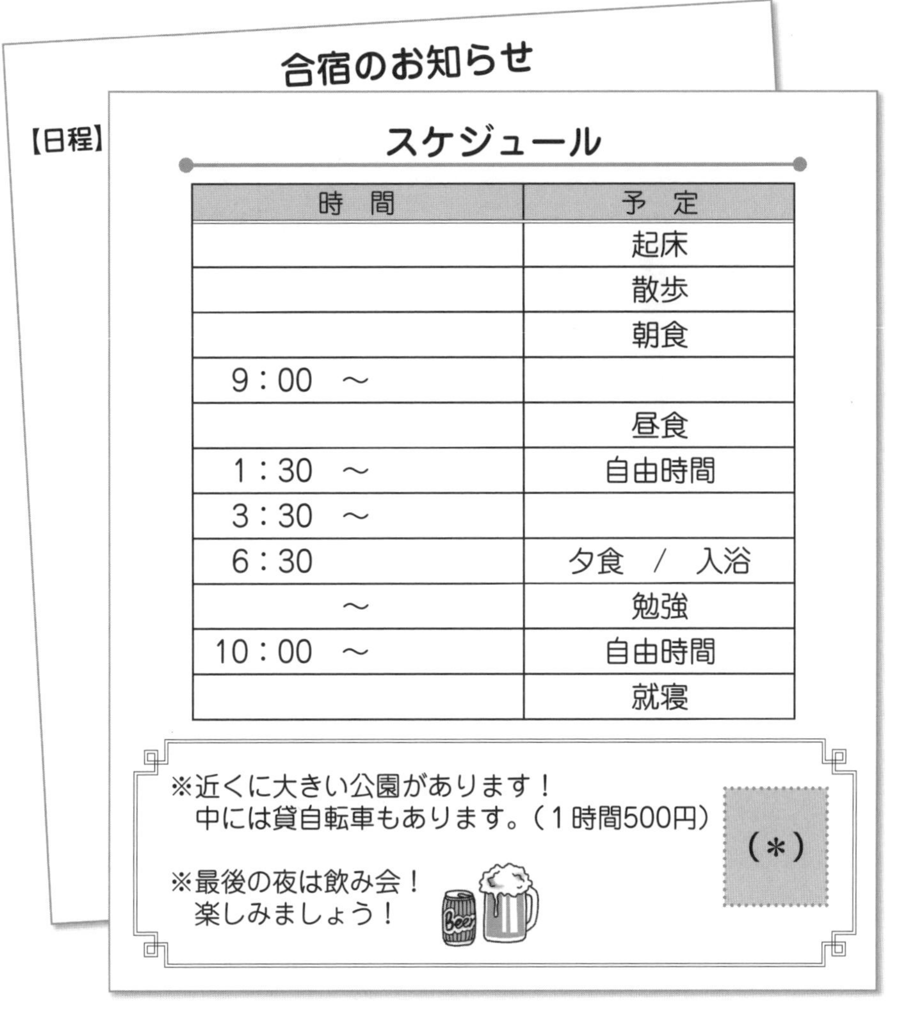

合宿のお知らせ

【日程】

スケジュール

時　間	予　定
	起床
	散歩
	朝食
9：00　〜	
	昼食
1：30　〜	自由時間
3：30　〜	
6：30	夕食　／　入浴
〜	勉強
10：00　〜	自由時間
	就寝

※近くに大きい公園があります！
中には貸自転車もあります。（1時間500円）

※最後の夜は飲み会！
楽しみましょう！

（＊）

【👂】 何時に何をしますか。上のスケジュール表に書いてください。

Ⅳ Ⅲの会話の続きです。 ◎19

【👂】 今からチャンさんはⅢの（＊）にＡ〜Ｃのどれを描きますか。

A

B

C

Ⅴ　このグラフからどんなことがわかりますか。

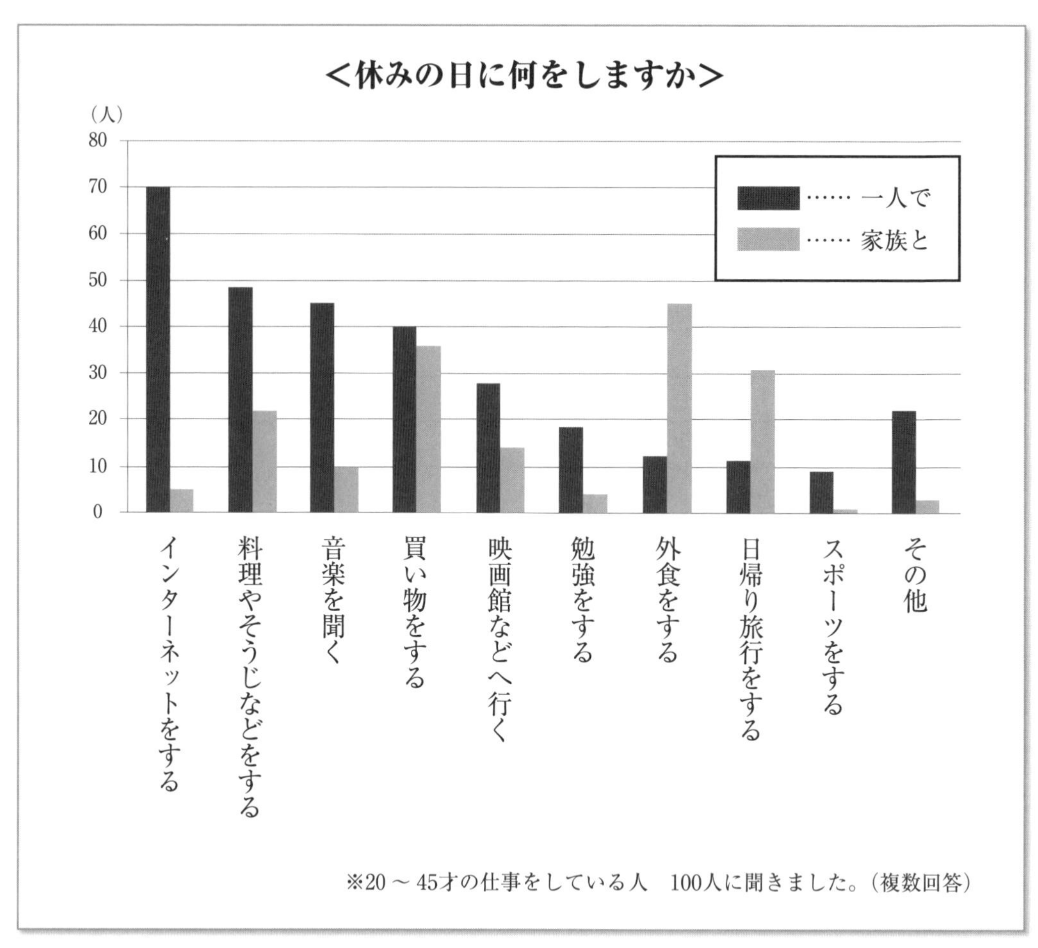

・
・
・
・

Ⅵ　あなたは休(やす)みの日(ひ)に何(なに)をしますか。書(か)いてください。

第12課（だいじゅうにか）

病気のとき（びょうき）

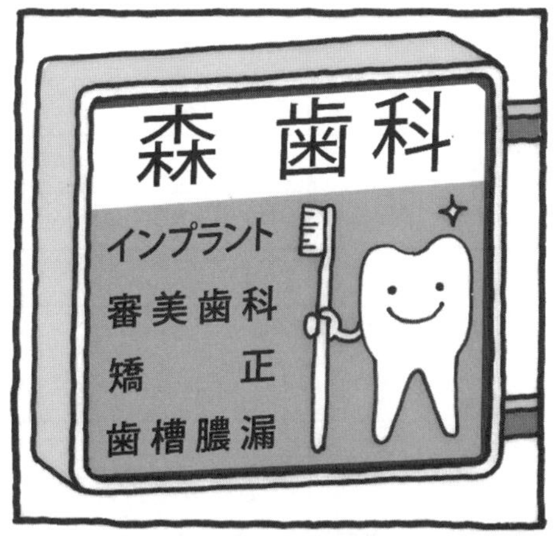

120 体

読み方(よみかた)	タイ　からだ　テイ
ことば	体(からだ)　体重(たいじゅう)
例文(れいぶん)	体(からだ)の調子(ちょうし)はどうですか。／毎日(まいにち)、体重(たいじゅう)を量(はか)ります。
書き順(かきじゅん)	ノ　亻　仁　什　付　休　体
体	
memo	

121 目

読み方(よみかた)	め　ボク　モク　ま
ことば	目(め)　1つ目(め)
例文(れいぶん)	目(め)が悪(わる)いですから、めがねをかけます。／1つ目(め)の角(かど)を右(みぎ)に曲(ま)がります。
書き順(かきじゅん)	丨　冂　月　月　目
目	
memo	

122 耳

読み方(よみかた)	みみ　ジ
ことば	耳(みみ)
例文(れいぶん)	耳(みみ)が痛(いた)いです。
書き順(かきじゅん)	一　丅　F　F　E　耳
耳	
memo	

ポイント
①どっちがいい？
A 耳　B 耳

123 口

読み方(よみかた)	くち　ク　コウ
ことば	口(くち)　北口(きたぐち)　人口(じんこう)
例文(れいぶん)	口(くち)を大(おお)きく開(あ)けてください。／駅(えき)の北口(きたぐち)で会(あ)いましょう。
書き順(かきじゅん)	丨　冂　口
口	
memo	

124 歯

読み方(よみかた)	は　シ
ことば	歯(は)
例文(れいぶん)	寝(ね)る前(まえ)に、歯(は)を磨(みが)きます。
書き順(かきじゅん)	丨　⺊　⺊　止　㆒　⺊　⺊　⺊　⺊　⺊　⺊　歯
歯	
memo	

ポイント
②どっちがいい？
A 歯　B 歯

125

病

読み方	ビョウ　ヘイ　やまい　や-む
ことば	病気(びょうき)　病院(びょういん)
例文	病気(びょうき)のとき、薬(くすり)を飲(の)みます。
書き順	丶 亠 广 广 疒 疒 疔 病 病 病
病	
memo	

126

院

読み方	イン
ことば	病院(びょういん)
例文	熱(ねつ)がありますから、病院(びょういん)へ行(い)きます。
書き順	㇇ ㇌ 阝 阝' 阝' 阝宀 阝宀 阝完 阝完 院
院	
memo	

127

薬

読み方	ヤク（ヤッ）　くすり
ことば	薬(くすり)　薬局(やっきょく)
例文	１日(にち)に３回(かい)、薬(くすり)を飲(の)みます。
書き順	一 十 艹 艹 艹 芇 苩 苩 苩 蓸 蓸 蓸 蔌 薬 薬 薬
薬	
memo	

128

局

読み方	キョク
ことば	薬局(やっきょく)
例文	薬局(やっきょく)で薬(くすり)を買(か)いました。
書き順	㇕ ㇅ 尸 局 局 局 局
局	
memo	

ポイント

③どっちがいい？
【びょう気(き)】
A 疲　B 病

④どっちがいい？
【病院】
A びよういん
B びょういん

病院

ポイント

⑤どっちがいい？
【くすり】
A 薬　B 楽

ポイント

⑥どっちがいい？
【薬局】
A やくきょく
B やっきょく

読める

見て、わかる

外科

練習(れんしゅう) 1　書(か)いてみよう

Ⅰ　漢字(かんじ)を作(つく)ってください。

①［　］＋［　］＝［体］　②［止］＋［　］＋［　］＝［歯］

③［花］－［化］＋［　］＝［薬］

Ⅱ　［　］の漢字(かんじ)を使(つか)って、文(ぶん)を作(つく)ってください。

①＿＿が悪(わる)いですから、めがねをかけます。

②寝る前に、＿＿を磨(みが)きます。

③歌を歌うとき、＿＿を大きく開(あ)けます。

④バレエをする人は、＿＿がやわらかいです。

体	目	耳
歯	口	

Ⅲ　これは日本語(にほんご)の慣用句(かんようく)*です。

右(みぎ)のイラストを見(み)て、＿＿に体(からだ)の漢字(かんじ)を書(か)いてください。

＊慣用句(かんようく)…idiomatic phrase／惯用语／관용구

①母はいつも「勉強しなさい」と言います。

＿＿が痛(いた)いです。

②忙(いそが)しくて、＿＿が回(まわ)ります。

③あの人は、＿＿が軽(かる)いですから、

秘密(ひみつ)の話はしないほうがいいです。

Ⅳ ＿＿＿の漢字(かんじ)をひらがなで、ひらがなを漢字(かんじ)で書(か)いてください。

①＿からだ＿の調子(ちょうし)が悪(わる)いです。

②＿耳＿の＿病気＿で入院(にゅういん)しました。

③＿受付＿でお金を払(はら)います。

④＿歯＿が痛(いた)いです。

⑤風邪(かぜ)のとき、＿びょういん＿へ行きます。

練習2 やってみよう

I　ここは薬局（やっきょく）です。

こんなとき、A～Hのどれを買（か）いますか。

①（　　）②（　　）③（　　）④（　　）⑤（　　）

A

B

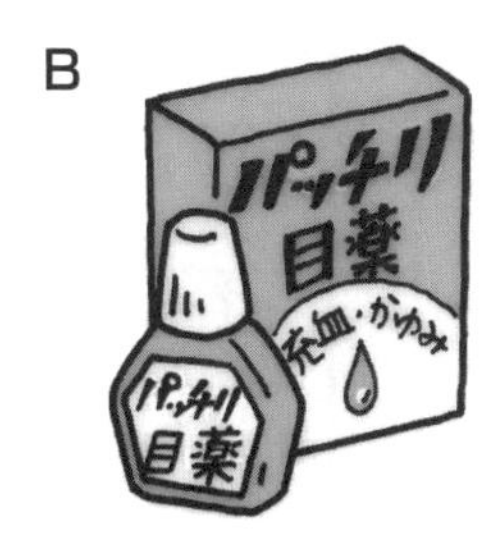

C

D

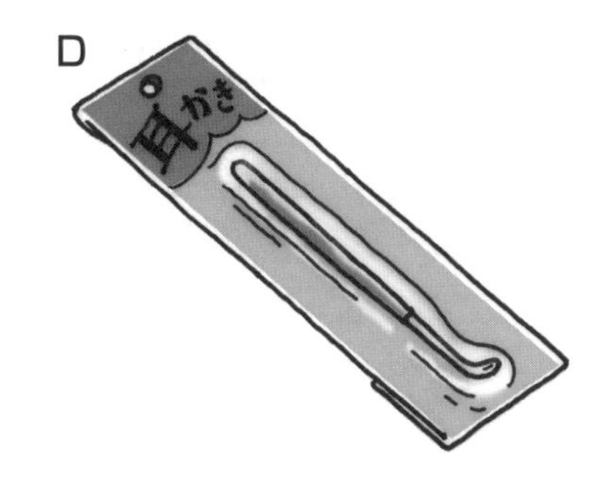

E

F

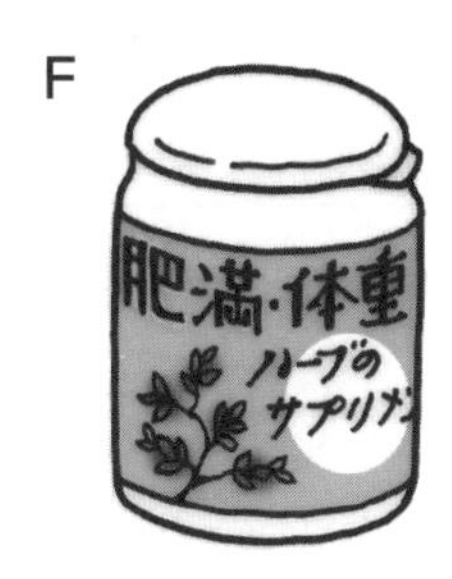

G

H

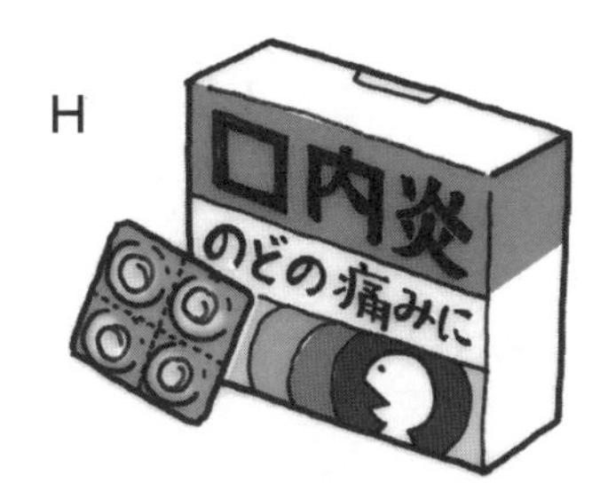

Ⅱ　友達(ともだち)と一緒(いっしょ)に本(ほん)を見(み)ています。　◎20〜◎23

【👁】　どんな病院(びょういん)がありますか。見(み)てください。

A

産科　婦人科

■診療時間
平日　9:00 〜 12:00
　　　14:00 〜 17:00
土曜　9:00 〜 12:00

■休診日
水曜・日曜・祝日

TEL 03-0000-0000

B

内科・小児科・リハビリテーション科

診療時間	月	火	水	木	金	土・日
9:30-13:00	●	●	●	／	●	／
15:00-18:30	●	●	●	●	／	／

祝日休診　　駐車場あり

TEL.03-0000-0000　○○ビル7階

C

水木外科医院

院長　水木花子

◆ 日帰り手術

◆ 夜間診療・日曜診療あり

受付時間
10:00 〜 20:00

P 日 夜

ご予約・お問い合わせ・ご相談
03-0000-0000
新宿区○○町1-1-1　○○ビル
○○駅南口 徒歩5分

D

木田耳鼻咽喉科

院長　木田太郎

☎ 03-0000-0000　P

http://www.******.com/

■ 新宿区○○1-2-3　○○ビル3F
■ 地下鉄○○駅 徒歩3分

診療時間	月	火	水	木	金	土・日
11:00 〜 20:00	○	○	○	○	○	／

(土日祝休診)

E

F

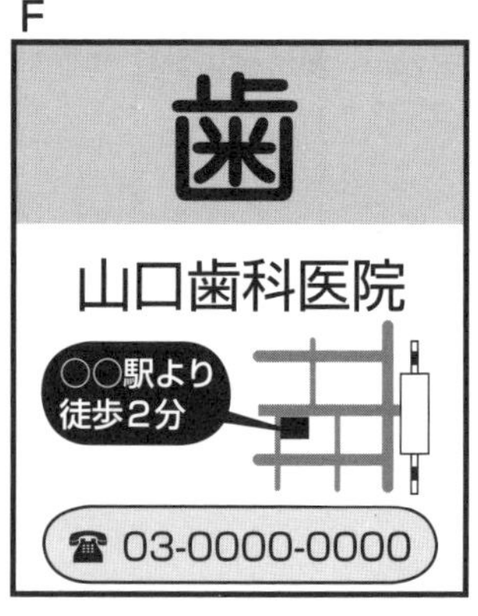

G

【👂】　友達(ともだち)の話(はなし)を聞(き)いてください。どこへ行(い)ったらいいですか。

①（　　　）　②（　　　）　③（　　　）　④（　　　）

Ⅲ　ここは病院です。入口で病院案内を見ています。

階		
6階		コインランドリー　談話室
5階	病棟	レントゲン室
4階	病棟	外科　手術室
3階	病棟	産婦人科
2階	外来	眼科　耳鼻咽喉科　皮膚科
1階	外来	総合受付　内科　小児科
地下1階	外来	売店　薬局　カウンセリング室

① 自分が病気のとき、何階へ行きますか。

(ア) 初めてこの病院へ来ました。

＿＿＿＿階

(イ) 目がいたいです。

＿＿＿＿階

② 入院している友達のお見舞いに来たとき、何階へ行きますか。

(ア) 友達がけがをしました。

＿＿＿＿階

(イ) 友達に赤ちゃんが生まれました。その友達に会いに行きます。

＿＿＿＿階

Ⅳ　病院（びょういん）へ行（い）ってから、薬局（やっきょく）へ来（き）ました。薬局（やっきょく）でこれをもらいました。

A
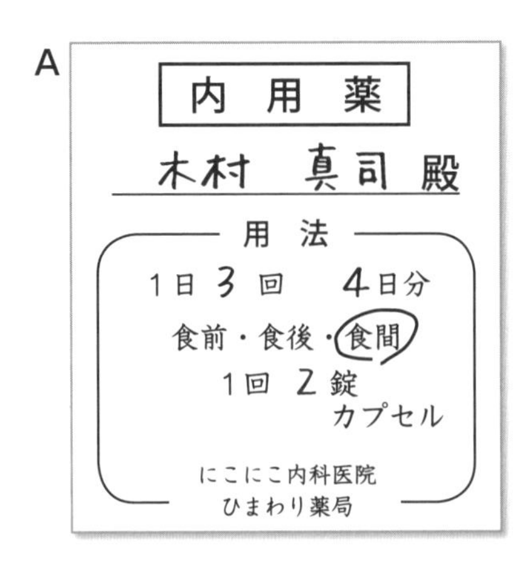

B
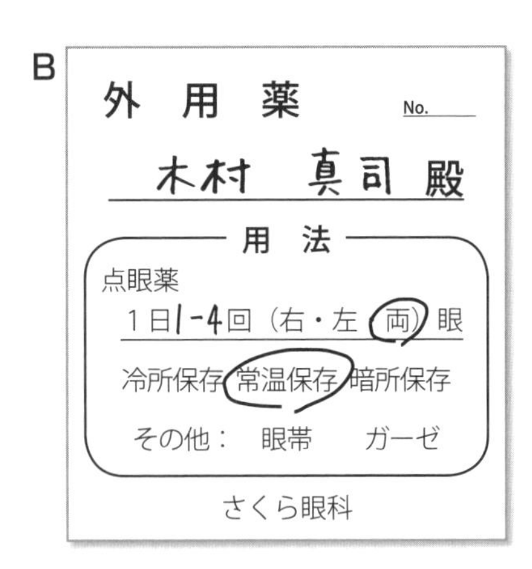

①（ア）（イ）のとき、どちらの薬（くすり）を使（つか）いますか。

（ア）（　　）　　（イ）（　　）

② Aを使（つか）います。8時（じ）ごろ朝（あさ）ごはんを食（た）べて、12時（じ）ごろ昼（ひる）ごはんを食（た）べます。
この薬（くすり）をいつ（何時（なんじ）ごろ）使（つか）いますか。

［　8時（じ）　・　10時（じ）　・　12時半（じはん）　］

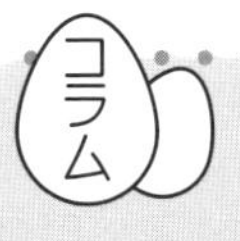

「おもしろい表現（ひょうげん）―体（からだ）の部分（ぶぶん）を使（つか）った言葉（ことば）―」

日本語（にほんご）には、体（からだ）の部分（ぶぶん）を使（つか）った言（い）い方（かた）がたくさんあります。
では、下（した）のものは、体（からだ）のどの部分（ぶぶん）を使（つか）うと思（おも）いますか。

①

②
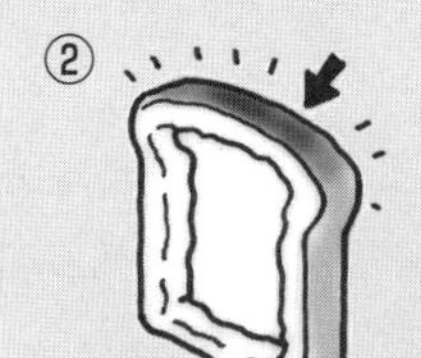
③
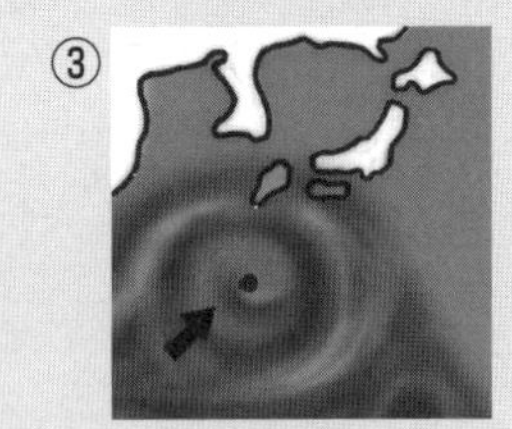

第13課（だいかじゅうさんか）

旅行に行こう（りょこういこう）

129		
世	読み方	セ　セイ　よ
	ことば	世界（せかい）　世話（せわ）
	例文	私（わたし）の夢（ゆめ）は世界一周（せかいいっしゅう）をすることです。
	書き順	一 十 廾 廿 世
	世	
	memo	

130		
界	読み方	カイ
	ことば	世界（せかい）
	例文	京都（きょうと）には世界中（せかいじゅう）から観光客（かんこうきゃく）が来（き）ます。
	書き順	丨 冂 罒 用 田 甲 甼 畀 界
	界	
	memo	

131		
春	読み方	はる　シュン
	ことば	春（はる）　春夏秋冬（しゅんかしゅうとう）
	例文	春（はる）は桜（さくら）がきれいです。
	書き順	一 二 三 声 夫 表 春 春 春
	春	
	memo	

132		
夏	読み方	なつ　カ　ゲ
	ことば	夏（なつ）
	例文	夏休（なつやす）みに旅行（りょこう）をしたいです。
	書き順	一 丆 丆 丙 百 百 百 頁 夏 夏
	夏	
	memo	

133		
秋	読み方	あき　シュウ
	ことば	秋（あき）
	例文	秋（あき）は紅葉（こうよう）がきれいです。
	書き順	ノ 二 千 禾 禾 禾 禾' 秒 秋
	秋	
	memo	

ポイント

①どっちがいい？

【世界】

A せいかい

B せかい

世	界		

ポイント

②どっちがいい？

A 夏　B 夏

134 冬

読み方(よみかた)	ふゆ　トウ
ことば	冬(ふゆ)
例文(れいぶん)	冬(ふゆ)、スキーに行(い)きたいです。
書き順(かきじゅん)	ノ ク 夂 冬 冬
冬	
memo	

ポイント

③どっちがいい？

A 冬　B 冬

135 早

読み方(よみかた)	はや-い　サッ　ソウ　はや-まる　はや-める
ことば	早い(はや)
例文(れいぶん)	旅行(りょこう)シーズンですから、早(はや)くホテルを予約(よやく)したほうがいいです。
書き順(かきじゅん)	丨 冂 日 日 旦 早
早	
memo	

	い

136 夕

読み方(よみかた)	ゆう　セキ
ことば	夕食(ゆうしょく)　夕方(ゆうがた)
例文(れいぶん)	ホテルのレストランで夕食(ゆうしょく)を食(た)べます。
書き順(かきじゅん)	ノ ク 夕
夕	
memo	

ポイント

④どっちがいい？

【夕食】

A ゆしょく

B ゆうしょく

137 予

読み方(よみかた)	ヨ
ことば	予約(よやく)　予定(よてい)
例文(れいぶん)	旅行(りょこう)の予定(よてい)が決(き)まりましたから、飛行機(ひこうき)の予約(よやく)をしました。
書き順(かきじゅん)	フ マ 予 予
予	
memo	

ポイント

⑤どっちがいい？

【予約】

A よやく

B ようやく

138 約

読み方(よみかた)	ヤク
ことば	予約(よやく)　約束(やくそく)
例文(れいぶん)	レストランの予約(よやく)は7時(じ)ですから、6時(じ)に会(あ)う約束(やくそく)をしました。
書き順(かきじゅん)	𠃋 幺 幺 糸 糸 糸 糹 約 約
約	
memo	

ポイント

⑥どっちがいい？

A 約　B 約

予	約			

139

光	読み方	コウ　ひかり　ひか-る
	ことば	観光（かんこう）　光（ひかり）　光（ひか）ります
	例文	浅草（あさくさ）は東京（とうきょう）の有名（ゆうめい）な観光地（かんこうち）です。
	書き順	丨 ⺌ ⺌ 业 光 光
	光	
	memo	

ポイント

⑦どっちがいい？

A 光　B 光

読める

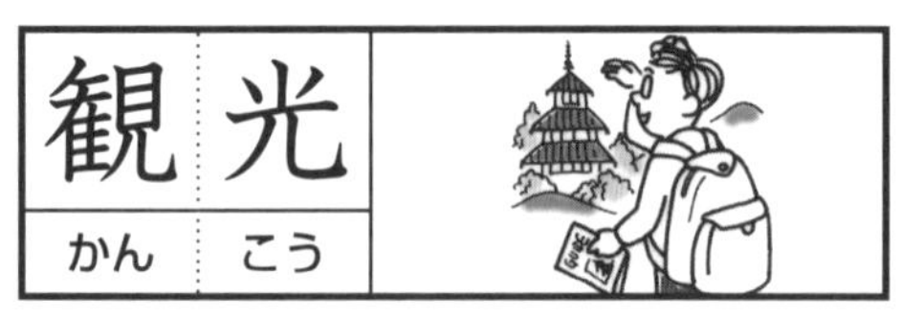

観光（かんこう）

出発（しゅっぱつ）

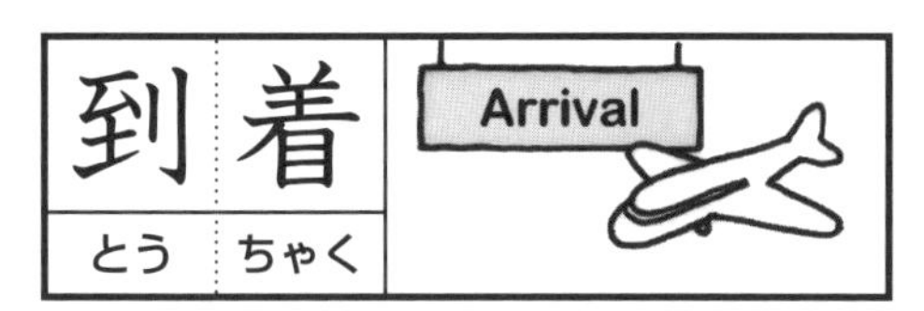

到着（とうちゃく）

見て、わかる

〜泊〜日

〜付き

〜券

練習1 書いてみよう

Ⅰ　AとBには同じパーツが入ります。何が入りますか。

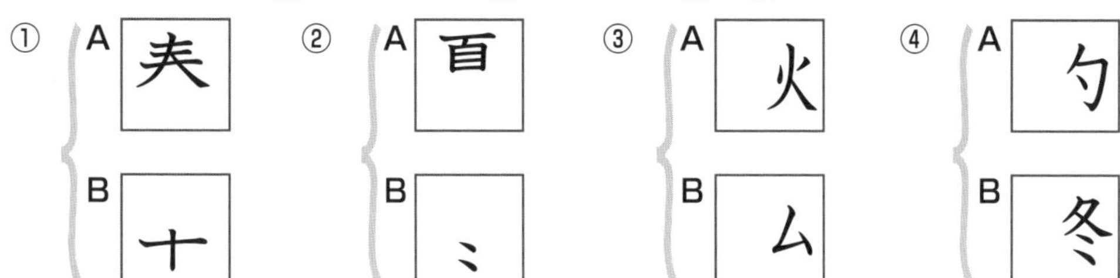

Ⅱ　反対の言葉はどれですか。

① 夜遅い時間に１人で歩かないほうがいいです。

A　高い　　B　長い　　C　早い

② 出発の10分前には集まってください。

A　観光　　B　予約　　C　到着

Ⅲ　＿＿＿の漢字をひらがなで、ひらがなを漢字で書いてください。

① ホテルを＿予約＿します。

② いつか＿せかい＿一周旅行をしたいです。

③ このツアーはホテルの＿夕食＿が付いています。

④ 京都はいつも＿観光＿客が多いです。

⑤ ＿出発＿は明日の朝、7時です。

⑥ ＿はる＿は桜がきれいです。

Ⅳ　あなたの国のお勧めの場所について書いてください。
どんなところですか。何ができますか。季節はいつがいいですか。

練習2 やってみよう

I　インターネットで北海道旅行について調べています。

8月に旅行に行きたいです。どのボタンをクリックしますか。

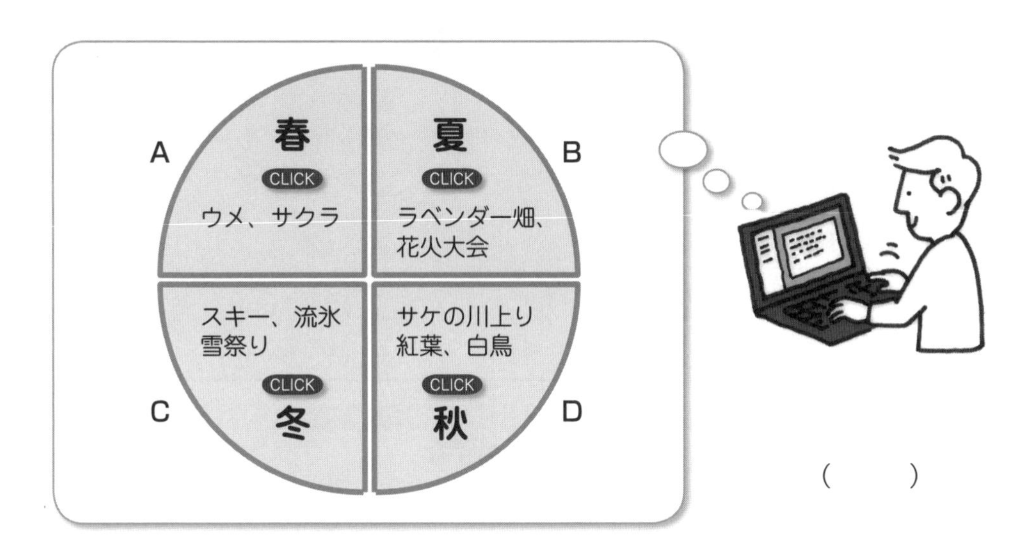

（　　）

II　航空会社のホームページを見ています。どのプランがいいですか。

① 大学生5人で旅行するとき　（　　）

② 12月のチケットを9月に予約するとき　（　　）

九州に行くなら、エアースカイで！

運賃	時刻表	予約／購入	空港／機内サービス

A **早割**
日程が決まったら早めの予約がお得！
搭乗日の45日前までに予約すると
最大75%割引

B **朝割**
早朝便なら30% OFF ！
他の割引とも一緒に使えて、
かなりお得な航空券

C **学割**
通常料金に比べ、とってもお得。
予約が可能な学生割引運賃の
国内航空券

D **シニア割**
曜日に関係なくご利用いただける、
お得な割引運賃の国内航空券

Ⅲ　旅行会社のホームページを見て、調べています。

次の人はどのページを見たらいいですか。

①（　　　）

1月19日に大阪へ行きます。泊まるところを探しています。

②（　　　）

妹と2人で旅行したいです。

③（　　　）

3か月ぐらい海外のいろいろなところへ行きたいです。

④（　　　）

車を借りて、旅行したいです。

Ⅳ あなたは友達(ともだち)とパンフレットを見(み)て、話(はな)しています。 ◎24

【👁】下(した)の旅行(りょこう)パンフレットを見(み)てください。

スキーバスで行く
スキーツアー&スノーボードツアー

今月のおすすめ

■東京発 4コース

A［苗場］	B［池の平温泉］
朝発 日帰り ¥3200～ ゲレンデ滞在約8時間 リフト券付 新宿集合 6：40 出発 7：00 到着予定 10：40	夜発 日帰り ¥4800～ ゲレンデ滞在約12時間！ 新宿出発 22：45 リフト・ゴンドラ共通1日券付 （レンタル付プランは1700円UP）
C［湯沢パーク］	**D［志賀高原］**
夜発 日帰り ¥5800～ 新宿出発 22：15 現地到着 6：45 現地出発 16：45 リフト券&レンタル付プラン お帰り時の温泉入浴券もプレゼント！	夜発 現地一泊（2食付） ¥13800 リフト一日券&オールレンタル付

【👂】会話(かいわ)を聞(き)いてください。どのツアーにしましたか。　（　　　）

V　あなたは京都のパンフレットを見ています。

秋の京都 たっぷり満喫2泊3日

＊フリーコースだから京都での時間も観光地も自由自在！！
＊往復新幹線「のぞみ号」利用
＊品川・新横浜駅途中乗下車可能

日	予定	食事
1	東京駅（品川駅・新横浜駅）-------------------------京都駅 【新幹線のぞみ号普通車指定席】 到着後、自由行動　各自ホテルへ　<ホテル泊>	× × 夕
2	1日京都観光 例）清水寺 → 金閣寺 → 嵐山　<ホテル泊>	朝 × 夕
3	出発まで自由行動　各自京都駅へ 京都駅---東京駅 【新幹線のぞみ号普通車指定席】	朝 × ×

■本コースの予約について■
※ご予約後、振込み（銀行、郵便局、コンビニ）、又はネットバンキングにてご入金ください。
※ご出発の5日前までにスケジュールとＪＲの切符をお送りいたします。

①この旅行はいつ行きますか。

［　12月～2月　・　3月～5月　・　6月～8月　・　9月～11月　］

②2日目は何をしますか。

［　いろいろなところを見ます　・　買い物に行きます　］

③このプランに晩ご飯は付いていますか。

［　はい　・　いいえ　］

④旅行のお金はいつ払いますか。

＿＿＿＿＿＿＿＿＿＿＿＿の後で

⑤15日に旅行に行きます。切符はいつもらいますか。

＿＿＿＿日ごろ

第14課（だいかじゅうよんか） 気（き）をつけて！

140	入	
	読み方	ニュウ　い-る　い-れる　はい-る
	ことば	入ります　入れます　<入口>　入学
	例文	店に入ります。／コーヒーにミルクを入れます。
	書き順	ノ 入
	memo	

ポイント

①どっちがいい？
【はいります】
A 人　B 入

②どっちがいい？
【入口】
A いりぐち
B はいりぐち

141	出	
	読み方	シュツ（シュッ）　だ-す　で-る　スイ
	ことば	出ます　出口　出します　出発
	例文	家を出ます。／かばんから財布を出します。
	書き順	丨 ㇄ 屮 出 出
	memo	

ポイント

③どっちがいい？
【出ます】
A だます
B でます

142	持	
	読み方	も-つ　ジ
	ことば	持ちます　気持ち
	例文	荷物を持ちます。／食べすぎて気持ちが悪いです。
	書き順	一 扌 扌 扌 扌 拃 拄 持 持
	memo	

ポイント

④どっちがいい？
【もちます】
A 持　B 時

ちます

143	立	
	読み方	た-つ　リツ　リュウ　た-てる
	ことば	立ちます　立てます　国立大学
	例文	立ってください。
	書き順	丶 亠 亣 立 立
	memo	

ちます

144	使	
	読み方	シ　つか-う
	ことば	使います　使用　大使館
	例文	このパソコンは誰でも使うことができます。
	書き順	ノ 亻 仁 仁 佢 佢 使 使
	memo	

ポイント

⑤どっちがいい？
【つかいます】
A 使　B 便

います

145	用
読み方(よみかた)	ヨウ　もち-いる
ことば	**使用**(しよう)　用事(ようじ)
例文(れいぶん)	今(いま)、このトイレは使用(しよう)できません。
書き順(かきじゅん)	丿 冂 月 月 用
用	
memo	

使用

146	中
読み方(よみかた)	ジュウ　チュウ　なか
ことば	**使用中**(しようちゅう)　**中**(なか)　**中学校**(ちゅうがっこう)　**世界中**(せかいじゅう)
例文(れいぶん)	会議室(かいぎしつ)は使用中(しようちゅう)です。／部屋(へや)の中(なか)は暖(あたた)かいです。
書き順(かきじゅん)	丨 冂 口 中
中	
memo	

ポイント

⑥どっちがいい？

【世界中】

A ちゅう

B じゅう

【使用中】

A ちゅう

B じゅう

147	新
読み方(よみかた)	シン　あたら-しい　あら-た　にい
ことば	**新しい**(あたらしい)　**新聞**(しんぶん)
例文(れいぶん)	新(あたら)しい雑誌(ざっし)を買(か)いました。／毎日(まいにち)、新聞(しんぶん)を読(よ)んでいます。
書き順(かきじゅん)	丶 亠 亠 立 立 立 辛 辛 亲 亲 新 新 新
新	
memo	

ポイント

⑦どっちがいい？

A 新　B 新

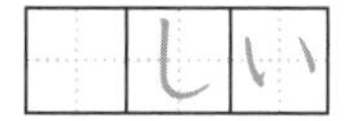

148	古
読み方(よみかた)	コ　ふる-い　ふる-す
ことば	**古い**(ふるい)　**中古**(ちゅうこ)
例文(れいぶん)	古(ふる)い本(ほん)を売(う)りました。／中古車(ちゅうこしゃ)を買(か)いました。
書き順(かきじゅん)	一 十 十 古 古
古	
memo	

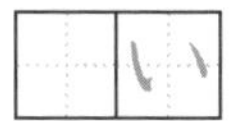

149	注
読み方(よみかた)	チュウ　そそ-ぐ
ことば	**注意**(ちゅうい)
例文(れいぶん)	車(くるま)に注意(ちゅうい)してください。
書き順(かきじゅん)	丶 丶 氵 氵 氵 汁 汁 注
注	
memo	

ポイント

⑧どっちがいい？

【注意】

A ちゅい

B ちゅうい

150

意		
	読み方	イ
	ことば	**注意** **意見** 意味
	例文	みんなに意見を聞きます。
	書き順	丶 亠 亣 立 音 音 音 音 音 意 意 意
	意	
	memo	

ポイント

⑨どっちがいい？

A 意　B 意

注意

151

止		
	読み方	シ と-まる と-める
	ことば	**止まります** **止めます** **禁止** **中止**
	例文	ここは立入禁止です。／電車が止まっています。
	書き順	丨 ⺊ 𣥂 止
	止	
	memo	

ポイント

⑩どっちがいい？

【禁止】

A きんし

B きんじ

まります

読める

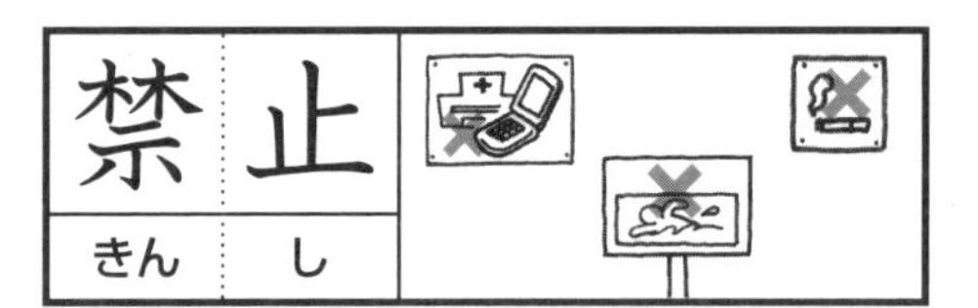

見て、わかる

最～

優先席

禁煙

練習1 書いてみよう

Ⅰ □に漢字を1つ書いて、（　　）にひらがなを書いてください。

①（　　　）
B→
（A↓　）□口
発

②（　　　　　）
B→
（A↓　）□います
用

③（A↓　）禁
□まります
B→
（　　　　　　）

Ⅱ ［　］のパーツを組み合わせて、漢字を作ってください。

①パソコンを____います。

②旅行のとき、カメラを____っていきます。

③危ないですから、車に____ ____してください。

Ⅲ ＿＿＿の漢字（かんじ）はひらがなで、ひらがなは漢字（かんじ）で書（か）いてください。

① この部屋（へや）に＿はいって＿はいけません。

② 明日（あした）はお弁当（べんとう）を＿もって＿きてください。

③ バスを＿降りる＿とき、ボタンを押（お）します。

④ ＿あたらしい＿映画館ができました。

⑤ この道は車が多（おお）いですから、＿注意＿してください。

⑥ この牛乳（ぎゅうにゅう）は＿ふるい＿ですから、飲まないほうがいいです。

練習(れんしゅう)2　やってみよう

Ⅰ　バスに乗(の)ります。

①A、Bどちらから乗(の)りますか。　　（　　　　　）

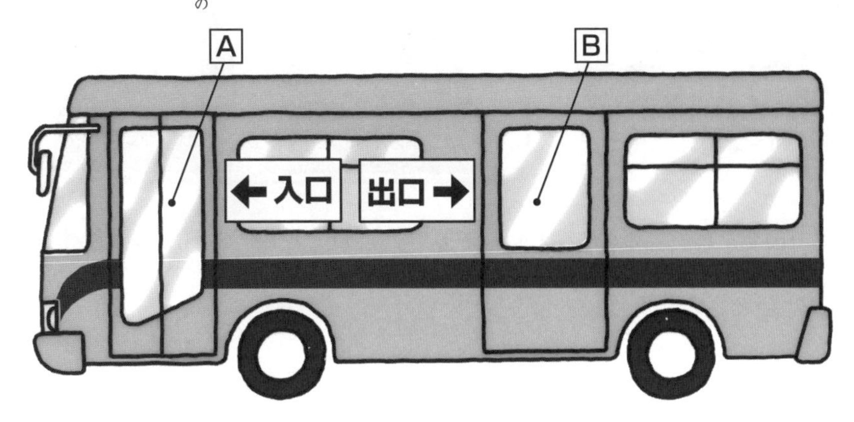

②何(なに)をしてはいけませんか。

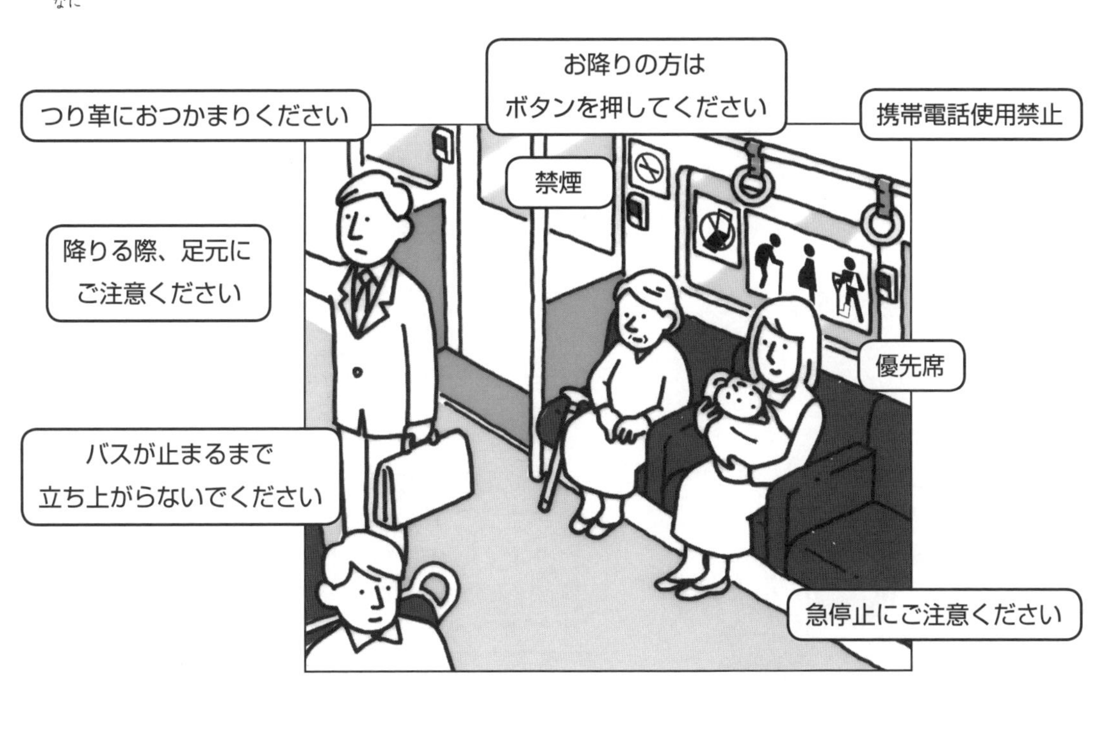

・＿＿＿＿＿＿＿＿＿＿＿＿＿＿＿＿＿＿＿＿＿＿＿＿

・＿＿＿＿＿＿＿＿＿＿＿＿＿＿＿＿＿＿＿＿＿＿＿＿

・＿＿＿＿＿＿＿＿＿＿＿＿＿＿＿＿＿＿＿＿＿＿＿＿

Ⅱ　今日、あなたはサッカーの試合を見に行きます。電車で行きます。

①どちらの機械で切符を買うことができますか。　　（　　　）

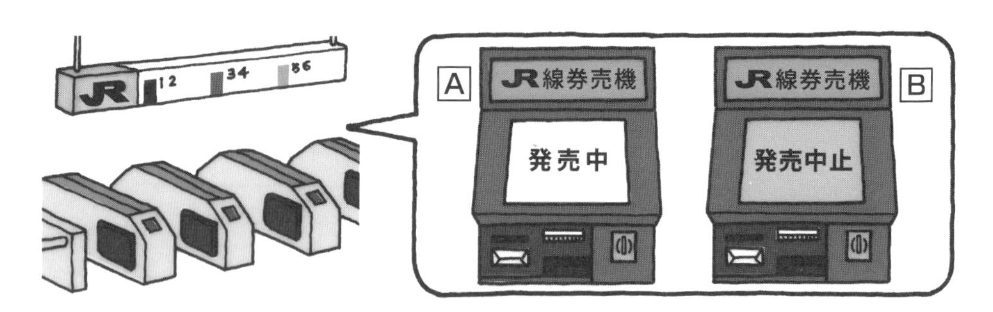

②ＩＣ乗車カードのお金が少ないですから、1000円いれたいです。
どのボタンを押しますか。

（　　　）

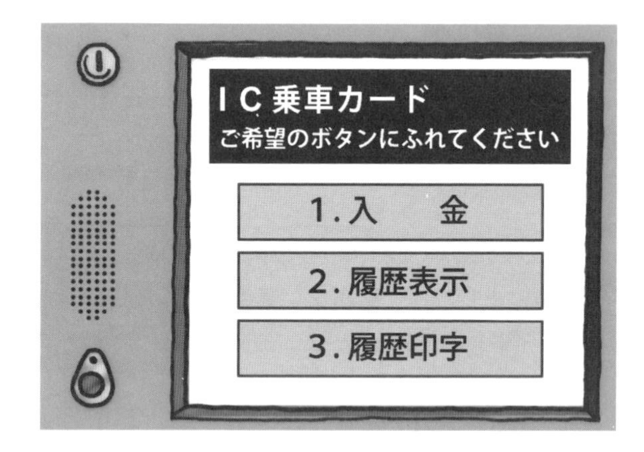

③サッカー場に着きました。どんなルールがありますか。

ご注意

以下の物は持ち込み禁止です。
・ナイフ等危険物
・ビン、缶、ペットボトル
（入場ゲートで紙コップに入れてください）

＿＿＿＿＿＿＿＿＿＿＿＿＿＿＿＿＿＿＿＿＿＿＿＿

＿＿＿＿＿＿＿＿＿＿＿＿＿＿＿＿＿＿＿＿＿＿＿＿

Ⅲ　あなたは駅にいます。これから歩いて図書館へ行きます。しかし、途中で、工事をしているようです。

地図を見て、どうやって行ったらいいか、矢印（⇒）を書いてください。

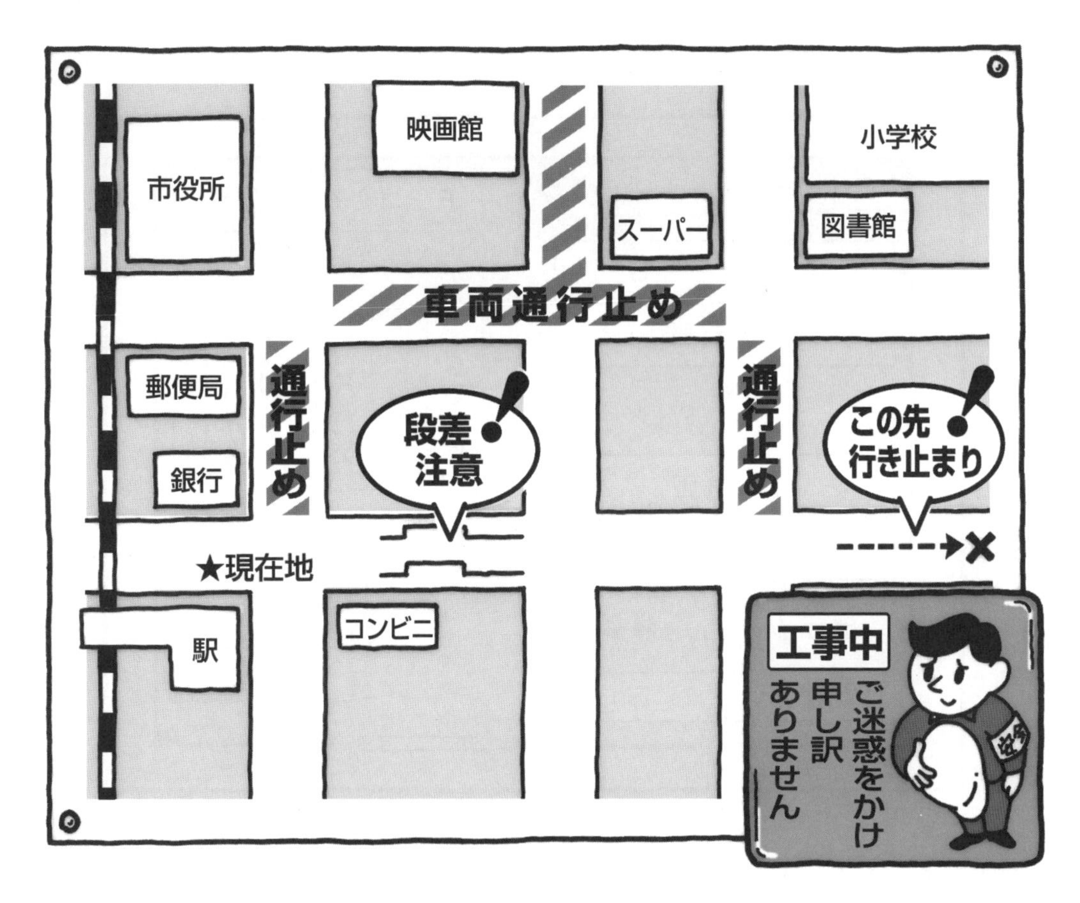

「複合語―送り仮名の省略―」

2つの言葉が一緒になった言葉を複合語といいます。読み方を間違える心配がないとき、複合語の送り仮名は書かなくてもいいです。

例）　受け付け⇒受付

　　　立ち入り禁止⇒立入禁止

　　　持ち出し禁止⇒持出禁止

Ⅳ　レンタルショップへ行(い)きました。

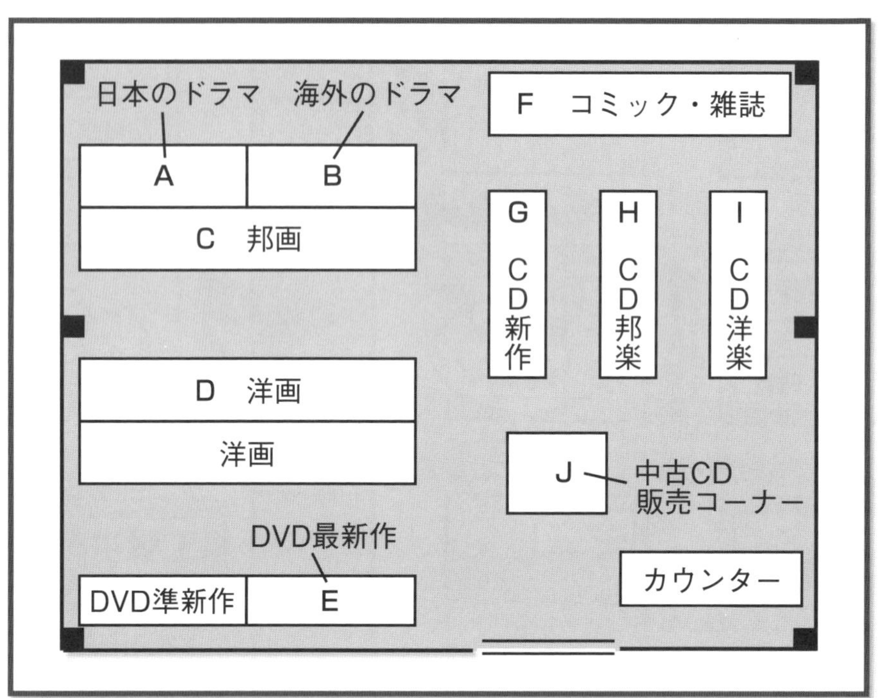

① 次(つぎ)のとき、どこへ行(い)きますか。

(ア) 外国(がいこく)のドラマを見(み)たいです。

(　　　　)

(イ) 安(やす)いCDを買(か)いたいです。

CDは新(あたら)しくなくてもいいです。

(　　　　)

② Eにはどんな物(もの)がありますか。

(　　　　　　　　　　　　　　　　)

③ 今(いま)、★のCDを借(か)りることができますか。

[　はい　・　いいえ　]

第（だい）15課（か）

どんなニュース？

152		
天	読み方（よみかた）	テン　あま　あめ
	ことば	**天気**（てんき）
	例文（れいぶん）	今日は天気がいいです。（きょう、てんき）
	書き順（かきじゅん）	一　二　チ　天
	天	
	memo	

153		
気	読み方（よみかた）	キ　ケ
	ことば	**天気**（てんき）　**気温**（きおん）
	例文（れいぶん）	今日は気温が高いです。（きょう、きおん、たか）
	書き順（かきじゅん）	ノ　𠂉　⺈　气　気　気
	気	
	memo	

154		
雨	読み方（よみかた）	**あめ**　ウ　あま
	ことば	**雨**（あめ）　雨天（うてん）
	例文（れいぶん）	雨が降っています。（あめ、ふ）
	書き順（かきじゅん）	一　丆　冂　币　雨　雨　雨　雨
	雨	
	memo	

155		
台	読み方（よみかた）	**タイ　ダイ**
	ことば	**台風**（たいふう）　**1台**（だい）　台湾（たいわん）
	例文（れいぶん）	台風で電車が止まりました。／車が1台止まっています。（たいふう、でんしゃ、と／くるま、だい、と）
	書き順（かきじゅん）	𠃋　厶　台　台　台
	台	
	memo	

156		
風	読み方（よみかた）	**フウ　かぜ**　フ　かざ
	ことば	**風**（かぜ）　**台風**（たいふう）　<風邪（かぜ）>　<風呂（ふろ）>
	例文（れいぶん）	今日は風が強いです。（きょう、かぜ、つよ）
	書き順（かきじゅん）	丿　几　凡　凡　凨　凨　風　風　風
	風	
	memo	

ポイント

①どっちがいい？

【天気】

A てんき

B でんき

天気

ポイント

②どっちがいい？

A 雨　B 雨

ポイント

③どっちがいい？

【台風】

A たいふう

B だいふう

台風

157 多

読み方（よみかた）	**おお-い** タ
ことば	**多い**（おお） 多分（たぶん）
例文（れいぶん）	9月（がつ）は台風（たいふう）が多（おお）いです。
書き順（かきじゅん）	ノ ク タ 多 多 多
多	
memo	

ポイント

④どっちがいい？

【おおい】

A 大　B 多

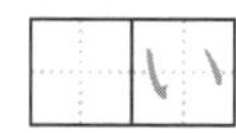

158 低

読み方（よみかた）	**テイ ひく-い** ひく-まる ひく-める
ことば	**最低**（さいてい） **低い**（ひく）
例文（れいぶん）	今日（きょう）の最低気温（さいていきおん）は5度（ど）です。／今日（きょう）は昨日（きのう）より気温（きおん）が低（ひく）いです。
書き順（かきじゅん）	ノ イ 亻 亻 仾 低 低
低	
memo	

ポイント

⑤どっちがいい？

【ひくい】

A 低　B 底

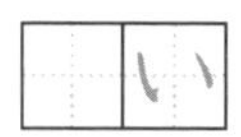

159 度

読み方（よみかた）	**ド** タク ト たび
ことば	**20度**（ど） **今度**（こんど） 温度（おんど） 震度（しんど）
例文（れいぶん）	今日（きょう）の気温（きおん）は20度（ど）です。／今度（こんど）、一緒（いっしょ）に遊（あそ）びに行（い）きませんか。
書き順（かきじゅん）	' 亠 广 广 户 庐 产 度 度
度	
memo	

ポイント

⑥どっちがいい？

【20ど】

A 度　B 席

160 交

読み方（よみかた）	**コウ** か-う か-わす ま-ざる まじ-える ま-じる まじ-わる ま-ぜる
ことば	**交通**（こうつう）
例文（れいぶん）	東京（とうきょう）は交通（こうつう）が便利（べんり）です。
書き順（かきじゅん）	' 亠 ナ 六 ㇇ 交
交	
memo	

161 通

読み方（よみかた）	**ツウ かよ-う とお-る** ツ とお-す
ことば	**交通**（こうつう） **通ります**（とお） **通います**（かよ） 通り（とお）
例文（れいぶん）	交通事故（こうつうじこ）が多（おお）いです。／この道（みち）はたくさん車（くるま）が通（とお）ります。
書き順（かきじゅん）	㇇ マ 了 月 甬 甬 甬 涌 通 通
通	
memo	

ポイント

⑦どっちがいい？

【交通】

A こうつう

B こつう

⑧どっちがいい？

【通ります】

A とうります

B とおります

交通

ります

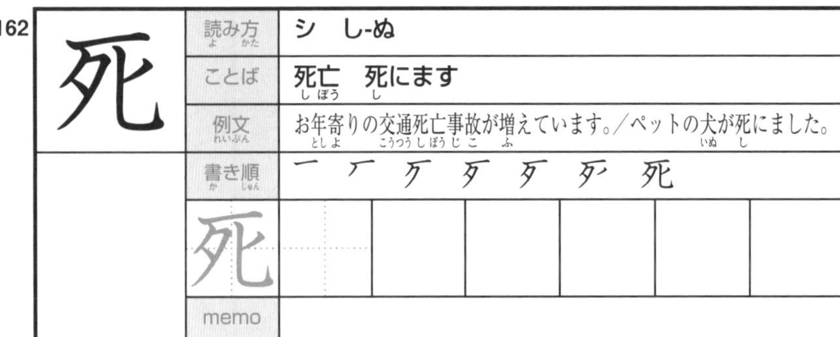

162

死

読み方（よみかた）	シ　し-ぬ
ことば	死亡（しぼう）　死（し）にます
例文（れいぶん）	お年寄り（としよ）の交通死亡事故（こうつうしぼうじこ）が増（ふ）えています。／ペットの犬（いぬ）が死（し）にました。
書き順（かきじゅん）	一　ア　歹　歹　歹　歹'　死
死	
memo	

ポイント

⑨どっちがいい？

A 死　B 死

読（よ）める

気	温
き	おん

事	故
じ	こ

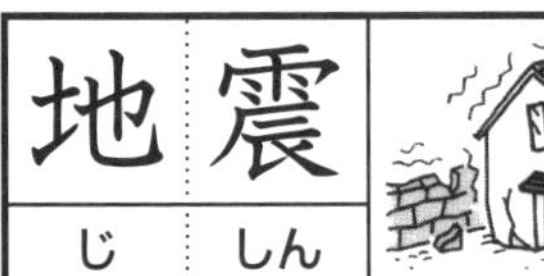

地	震
じ	しん

見（み）て、わかる

晴

曇

雪

練習1　書いてみよう

Ⅰ　□に漢字を１つ書いて、（　　）にひらがなを書いてください。

①

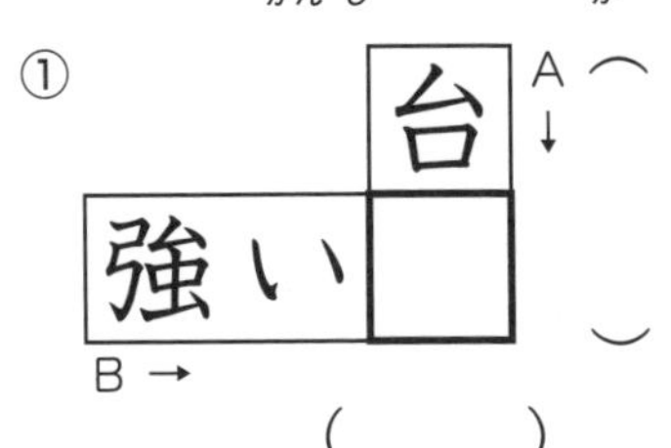

②

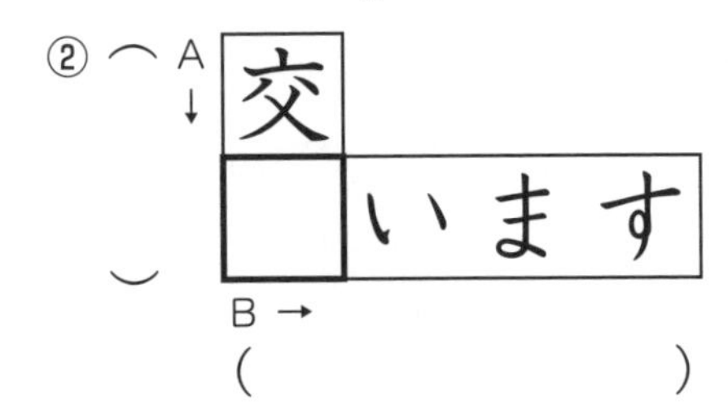

Ⅱ　反対の言葉はどれですか。

①今日は雨ですから、お客さんが少ないです。

A　大きい　　B　多い　　C　長い

②今日は気温が高いですから、長時間外で運動しないほうがいいです。

A　古い　　B　安い　　C　低い

Ⅲ　＿＿＿の漢字はひらがなで、ひらがなは漢字で書いてください。

①東京の今日の＿てんき＿は＿あめ＿でしょう。

②今日の最高＿気温＿は27＿ど＿でした。

③高速道路で＿こうつう＿事故がありました。

④＿たいふう＿で飛行機が飛びませんでした。

⑤日本で最高齢の白クマが＿しにました＿。

練習2 やってみよう

I　新聞で天気を調べています。

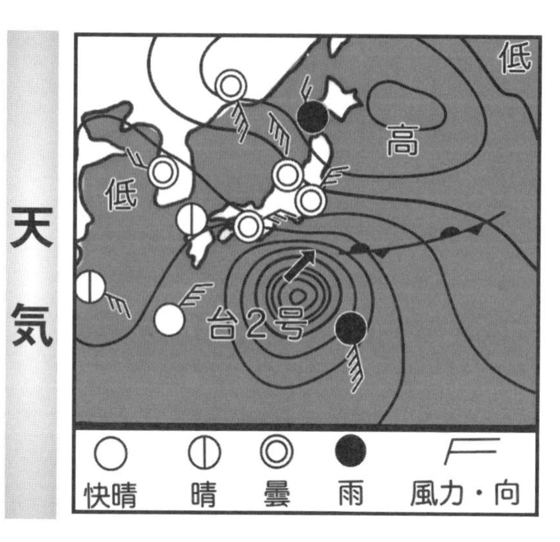

	気温				
	最高	（平年）	最低	（平年）	
札幌	11.2	（16.8）	5.9	（7.3）	雨
秋田	17.2	（18.0）	5.2	（9.3）	晴
仙台	14.1	（19.1）	5.1	（10.3）	曇
東京	15.0	（22.4）	10.9	（14.6）	曇
大阪	21.2	（23.7）	10.3	（14.8）	曇
神戸	20.4	（22.7）	10.5	（15.2）	曇
広島	23.8	（23.4）	9.0	（13.8）	晴
福岡	22.8	（23.1）	11.6	（14.6）	晴
那覇	26.4	（26.4）	21.2	（21.3）	晴

最低は午前９時、最高は午後３時まで、天気は午後３時

①「台２号」は何ですか。　（　　　　　　　　　　）

②札幌の天気はどれですか。

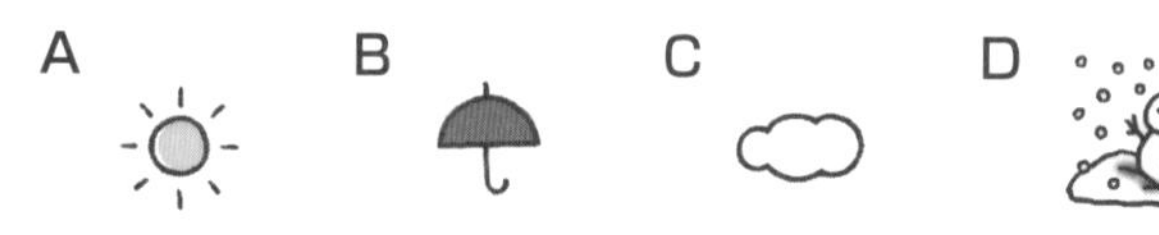

③仙台の天気はどれですか。

④広島の天気はどれですか。

⑤東京のいちばんひくい気温は何度ですか。　＿＿＿＿＿＿度

Ⅱ　今、駅にいます。電車が止まっています。

電光掲示板*を見てください。電車が止まったのはどうしてですか。

下の絵を見て（　　）にA～Cを書いてください。

＊電光掲示板…electric bulletin board／电光布告牌／전광판

①（　　　）　事故のため、電車が止まっています

②（　　　）　大雨と強風により、電車が止まっています

③（　　　）　急病人が出たため、電車が止まっています

A

B

C

Ⅲ　テレビの速報（そくほう）です。

何（なん）のニュースですか。A～Eから選（えら）んで、（　　）に書（か）いてください。

①東京（とうきょう）はどうなりましたか。　（　　）

②どんな事故（じこ）ですか。　（　　）

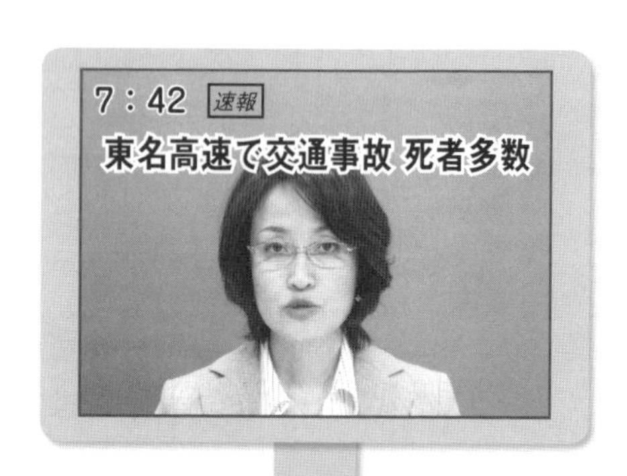

③何（なん）のニュースですか。　（　　）

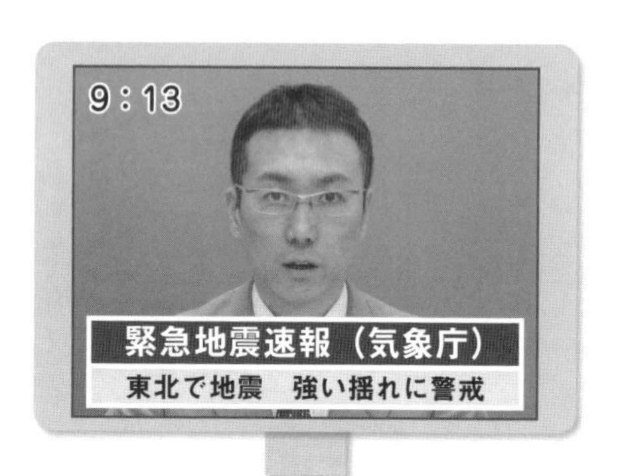

A

B

C
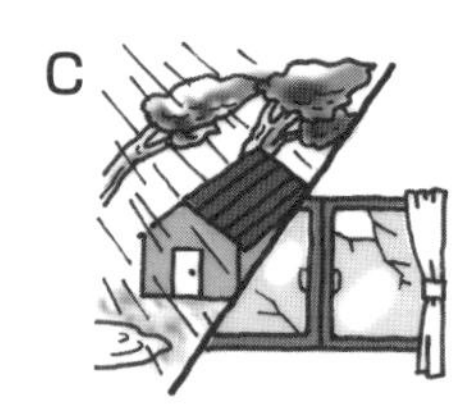

D

E

Ⅳ 友達(ともだち)とインターネットニュースの見出し(みだし)を見(み)ています。 …25〜27

【👁】見出し(みだし)を見(み)てください。

今日のトピック

A	夏休み　海外旅行者過去最多 📷
B	東京円　７８円台後半　NEW
C	米国で治療中の多臓器移植の男児が死亡 📷
D	日本で洋上風力発電を展開　NEW 📷

E

今日の天気

10／23

【👂】①これからどの記事(きじ)を見(み)ますか。会話(かいわ)を聞(き)いてA〜Eを（　　）に書(か)いてください。

(1)（　　）　(2)（　　）　(3)（　　）

②上(うえ)のA〜Eのどの記事(きじ)の写真(しゃしん)ですか。（　　）に書(か)いてください。

(1)（　　）　(2)（　　）

V　あなたの国の気候*について書いてください。

*気候…climate／气候／기후

例）東京は、夏は30度以上になる日も多いです。
冬、雪はあまり降りませんが、降ったときは、
転んだり車の事故が増えたりして大変です。

もう少(すこ)し やってみよう

もう少し(すこ)やってみよう①（第(だい)１課(か)〜第(だい)４課(か)）

Ⅰ-１　＿＿＿の漢字(かんじ)をひらがなで、ひらがなを漢字(かんじ)で書(か)いてください。

①私の町(まち)はシドニーの＿ひがし＿にあります。

②スーパーは銀行と花屋(はなや)の＿あいだ＿にあります。

③いちばん＿まえ＿に座(すわ)っている＿男の人＿は田中さんです。

④この写真(しゃしん)の＿女の子(こ)＿は私のいとこです。

⑤＿毎日＿、＿自(じ)ぶん＿で料理をしています。

⑥＿３年間＿、＿外国＿に住(す)んでいました。

⑦私の祖父(そふ)は＿今年＿、98才です。

⑧Ａ：休みは＿なんようび＿ですか。

Ｂ：火曜日と金曜日の＿午前＿です。

⑨来週、＿４人＿で旅行に行きます。

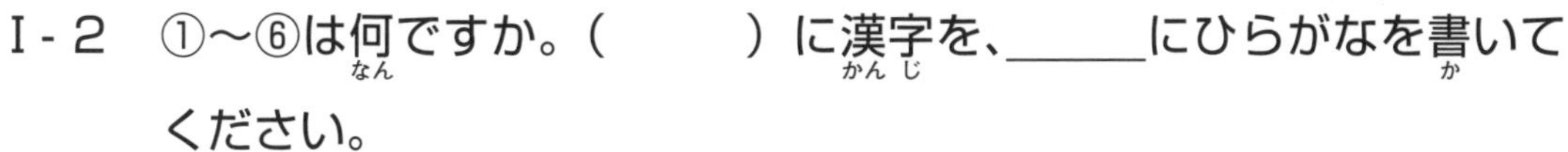

I-2　①～⑥は何(なん)ですか。(　　　　)に漢字(かんじ)を、＿＿＿にひらがなを書(か)いてください。

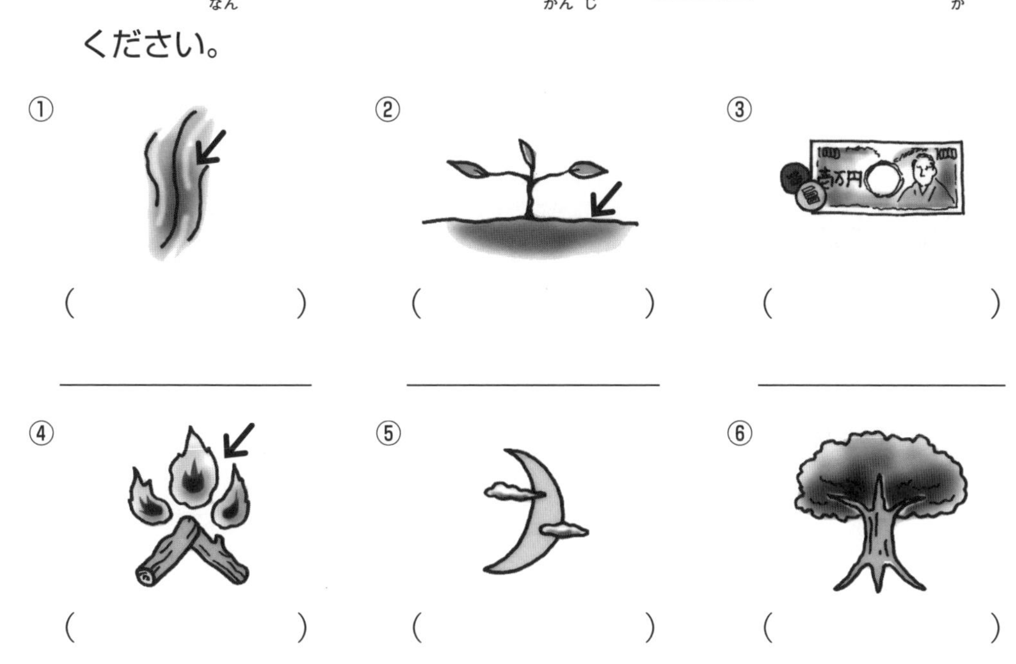

①（　　　　　）＿＿＿＿＿＿
②（　　　　　）＿＿＿＿＿＿
③（　　　　　）＿＿＿＿＿＿
④（　　　　　）＿＿＿＿＿＿
⑤（　　　　　）＿＿＿＿＿＿
⑥（　　　　　）＿＿＿＿＿＿

II-1　＿＿＿の漢字(かんじ)をひらがなで書(か)いてください。

①トヨタはとても有名(ゆう)な車の会社です。

②みんなでケーキを分けましょう。

③この漢字の意味(み)が分かりますか。

④約束(そく)の時間に間に合(あ)いませんでした。

⑤大学で国際経済(こくさいけいざい)について学んでいました。

⑥100才まで生きたいです。

⑦ このクラスは＿男性＿６人、＿女性＿７人の合わせて13人です。

⑧ ＿生＿ごみは燃やすごみと一緒に捨ててください。

⑨ ＿市場＿で買い物をします。

Ⅱ-２　＿＿の漢字をひらがなで書いてください。

私は＿私立＿大学の２年生です。12月25日のクリスマスの日に＿生まれました＿。

私は小さい＿時＿、タイにいましたから、今も＿休日＿にタイのダンスをしたり、タイ料理を作ったりしています。

第１課　私：私立　学：学ぶ　生：生きる／生まれる／生
日：休日
第３課　年：今年　時：時　間：間に合う
分：分ける／分かる
第４課　名：有名　男：男性　女：女性　市：市場

もう少しやってみよう②（第５課〜第７課、漢字のパーツ）

Ⅰ ＿＿の漢字をひらがなで、ひらがなを漢字で書いてください。

①ロンドンは＿いま＿、＿ごぜん＿２時です。

②会社では日本語で＿はなします＿。

③朝、８時＿半＿に学校へ＿来ました＿。

④＿きょう＿、友達とレストランで＿食事＿をします。

⑤＿田中＿さんは＿力＿が強いです。

⑥＿ことし＿の夏休みに国へ＿かえります＿。

⑦山田＿せんせい＿の＿はなし＿はいつもおもしろいです。

⑧このスーパーは＿まいつき＿15日に＿のみもの＿が安いです。

⑨４月から東京の＿専門学校＿へ行きます。

⑩京都＿旅行＿の＿料金＿はいくらですか。

⑪リンさんはパーティーに＿来ない＿と思います。

⑫朝、人に会ったとき、「おはよう」と＿いいます＿。

Ⅱ ＿＿＿の漢字(かんじ)をひらがなで書(か)いてください。

① ３月に＿帰国＿します。

② 休日は図書館で＿読書＿をします。

③ 世界にはたくさんの＿言語＿があります。

④ パソコンルームは＿飲食＿禁止です。

⑤ 入学式(しき)はさくら会館で＿行います＿。

⑥ この＿先＿は行き止(ど)まりです。

⑦ 友達(ともだち)と映画を見た＿後＿で、食事(じ)をしました。

⑧ ＿荷(に)物＿が重(おも)くて＿大変(へん)＿です。

⑨ 試合(しあい)の＿後半＿に点(てん)が入りました。

⑩ ＿長野県(けん)＿で冬のオリンピックがありました。

⑪ 工場(こうじょう)＿見学＿は大人１人1000円です。

第5課（だいか）　先：先（さき）　後：後（あと）／後半（こうはん）　見：見学（けんがく）　飲：飲食（いんしょく）

物：荷物（にもつ）　行：行う（おこな）

第6課（だいか）　帰：帰国（きこく）　読：読書（どくしょ）

漢字のパーツ（かんじ）　野：長野（ながの）　大：大変（たいへん）

第7課（だいか）　言：言語（げんご）

もう少しやってみよう③（第８課〜第１１課）

I ＿＿＿の漢字をひらがなで、ひらがなを漢字で書いてください。

① 電車 の おと が聞こえます。

② 今夜 は つよい 雨がふっています。

③ 今、高校生 に人気がある歌手は誰ですか。

④ 山田さんの いえ へ行く 道 を教えてください。

⑤ 今朝 はとても寒かったです。

⑥ 北海道旅行は たのしかったです 。

⑦ 歩道 に自転車を置かないでください。

⑧ 子どもたちは そと で遊んでいます。

⑨ みんなで一緒に うたいましょう 。

⑩ 田中さんは旅行会社の しゃちょう です。

⑪ 地震で電気、すいどう 、ガスが止まりました。

Ⅱ ＿＿＿の漢字(かんじ)をひらがなで書(か)いてください。

①昨日(きのう)は＿夜中＿まで仕事(しごと)をしました。

②アパートの＿家賃(ちん)＿が＿上がる＿そうです。

③＿下り＿のエスカレーターはどこにありますか。

④一人暮(ぐ)らしは＿楽＿ではありません。

⑤外は寒(さむ)いですから、＿上着(ぎ)＿を着(き)て行ったほうがいいですよ。

⑥道を渡(わた)るときは、＿左右＿をよく見てください。

⑦この薬を飲むと、熱(ねつ)が＿下がります＿。

⑧このプランには、＿朝食＿は付(つ)いていますが、＿昼食＿は付(つ)いていません。

⑨夏休みに＿一人旅＿を＿計(けい)画＿しています。

⑩＿上り＿のエスカレーターは、かばん売(う)り場(ば)の前です。

⑪ジャケットとズボンは＿上下＿セットで5000円です。

第8課（だいはちか）　家：家賃（やちん）

第9課（だいきゅうか）　楽：楽（らく）　画：計画（けいかく）　旅：一人旅（ひとりたび）

第10課（だいじゅっか）　上：上着（うわぎ）／上（あ）がる／上（のぼ）り

下：下（さ）がる／下（くだ）り／上下（じょうげ）　右：左右（さゆう）

第11課（だいじゅういっか）　朝：朝食（ちょうしょく）　昼：昼食（ちゅうしょく）　夜：夜中（よなか）

もう少(すこ)しやってみよう④（第(だい)12課(か)～第(だい)15課(か)）

Ⅰ　＿＿＿の漢字(かんじ)をひらがなで、ひらがなを漢字(かんじ)で書(か)いてください。

①＿あたらしい＿靴(くつ)を買いたいです。

②お風呂(ふろ)に＿はいる＿前に＿からだ＿を洗(あら)います。

③車は、この道を＿通る＿ことができません。

④雨が降(ふ)ったら、花火(はなび)大会は＿中止＿です。

⑤１つ＿め＿の角(かど)を曲(ま)がってください。

⑥＿気持ち＿が悪(わる)くなりましたから、＿薬局＿へ行って、＿薬＿を買いました。

⑦＿病気＿のペットの＿世話＿をします。

⑧ジュースを冷蔵庫(れいぞうこ)に＿入れます＿。

⑨今日の＿夕方(がた)＿は、朝より＿気温＿が＿低い＿そうです。

⑩＿今度＿、＿世界中＿を旅行したいです。

⑪明日(あした)は＿大使館＿へ行く用事(じ)があります。

⑫＿入学＿試験(しけん)の前に、学校に書類(しょるい)を＿だします＿。

⑬ この＿ふるい＿お寺の＿なか＿を見たいです。

⑭ ダイヤモンドの指輪(ゆびわ)が＿光って＿いて、とてもきれいです。

⑮ ＿意見＿を言うときは、＿立って＿話してください。

⑯ 学校のパソコンルームに、パソコンが10＿台＿あります。

Ⅱ ＿＿＿の漢字(かんじ)をひらがなで書(か)いてください。

① 日本の＿人口＿は、1億(おく)2千万人ぐらいです。

② ＿国立＿大学に入りたいです。

③ ＿早朝＿の電車はすいています。

④ サッカーの試合(しあい)は、＿雨天＿でもあります。

第12課(だいか)　口：人口(じんこう)
第13課(だいか)　早：早朝(そうちょう)
第14課(だいか)　立：国立(こくりつ)
第15課(だいか)　雨：雨天(うてん)

INDEX

音訓索引
おんくんさくいん

※**「提出漢字」**の**読み方**のうち、**太字**のものを**掲載**しています。

【あ】

【か】

【さ】

【た】

【な】

【は】

【ま】

【や】

【ら】

【わ】

「できる日本語」準拠

漢字たまご　初級　[新装版]

2012年 6月25日　初版第1刷発行
2024年 5月15日　新装版第1刷発行
2024年11月15日　新装版第2刷発行

監　　修　嶋田和子（一般社団法人アクラス日本語教育研究所）
著　　者　有山優樹（イーストウエスト日本語学校）
落合知春（イーストウエスト日本語学校）
立原雅子（イーストウエスト日本語学校）
林英子（イーストウエスト日本語学校）
山口知才子（イーストウエスト日本語学校）
発　　行　株式会社　凡　人　社
〒102-0093
東京都千代田区平河町1-3-13
TEL：03-3263-3959
イラスト　酒井弘美
装丁デザイン　コミュニケーションアーツ株式会社
レイアウト　Atelier O.ha
印刷・製本　倉敷印刷株式会社

ISBN 978-4-86746-022-1